Eberhard Mühlan/Andreas Schröter

Total fertig oder voll gut drauf?

Helfen Sie Ihrem Kind,
mit seinen Gefühlen klarzukommen

Inhalt

Vorwort zur erweiterten Neuauflage 7

Man lernt nie aus 9

Was ist wichtiger – IQ oder EQ? 12

Gefühle – nicht gegen sie, sondern mit ihnen leben! 16

Gefühle haben viele Gesichter 18

„Erste Hilfe" für verwirrte Gefühle – eine Strategie in vier Schritten 23

1. Gefühle akzeptieren 23
2. Gefühle nachempfinden 30
3. Gefühle benennen 36
4. Gefühle zum Ausdruck bringen 43

Muß ich mir alles gefallen lassen? 58

Gefühlsäußerungen Grenzen setzen 58
Die Wut bändigen lernen 59

Den Konflikt auswerten 62

Verhängnisvolle Fehler 66

Wie Sie Süchten und Mißbrauch
den Weg bahnen! 66

Teenager – voll gut drauf und total fertig! 70

Das Gefühlsbarometer steht auf Sturm 70
Anmachen, Abzocken, Plattmachen! 74

Anteilnehmen an den Gefühlen anderer 78

*Ich kann nicht aus meiner Haut –
der Einfluß des Familienhintergrundes* 82

*Selbst einen neuen Umgang mit
Gefühlen lernen* 91

Gefühle zum Familienthema machen 97

Wie fühlst du dich heute? 103

Eine Übung für Kinder, *mit* ihren Gefühlen
zu leben, nicht *gegen* sie! 103

Vorwort zur erweiterten Neuauflage

Daß Kinder und Jugendliche einen gesunden Umgang mit den eigenen Gefühlen erlernen, ist heute wichtiger denn je – besonders wenn man an eine wirksame Suchtvorbeugung und an die Eindämmung von Gewalt denkt. Bei den Teilnehmern unserer Seminare von „Team. F – Neues Leben für Familien“ stoßen wir (Andreas Schröter und Eberhard Mühlan) immer auf großes Interesse, wenn wir dieses Thema anschneiden.

Was ist in diesem Buch neu hinzugekommen?

Wir haben dazugelernt! Sowohl im Umgang mit unseren eigenen Kindern als auch durch das Gespräch mit Seminarteilnehmern. Da Eltern letztlich nur Dinge an ihre Kinder weitergeben können, die sie selbst umzusetzen gelernt haben, ist ein Extrakapitel für Erwachsene eingefügt: „Selbst einen neuen Umgang mit Gefühlen lernen“. Den Teenagern haben wir ein weiteres Kapitel gewidmet. Durch die Pubertät steht ihr Gefühlsbarometer ohnehin auf Sturm, und gerade sie sind den Gefahren von Sucht und Gewalt besonders ausgesetzt.

Nicht zuletzt erfahren Sie in diesem Buch, wie Sie Ihre Kinder zu „Friedensstiftern“ trainieren können.

Es geht aber nicht nur darum, seine eigenen Gefühle zu erkennen und konstruktiv zum Ausdruck zu bringen;

genauso wichtig ist die Fähigkeit, sich in andere hineinzuversetzen und an ihren Empfindungen Anteil nehmen zu können. Mittlerweile offiziell in dem Begriff „Emotionale Intelligenz“ oder „Emotionaler Quotient“ (EQ) zusammengefaßt, messen viele Wissenschaftler dieser Fähigkeit mittlerweile größere Bedeutung bei als dem sonst üblichen Intelligenz-Quotienten (IQ). Emotionale Intelligenz läßt sich erlernen. Dieses Buch vermittelt Ihnen dazu eine Menge neuer praktischer Anleitungen und einige Kooperationsspiele für Kinder aller Altersstufen.

Man lernt nie aus

Selbst für den, der meint, seine Kinder schon ganz gut zu kennen und ihre Gefühlswelt zu verstehen, gibt es immer wieder etwas Neues zu lernen.

Ich (Andreas Schröter) sitze in einem Seminar für Kinderseelsorge *(Children in Need)* und überfliege noch einmal einige Notizen, die ich mir während der Unterrichtsstunde mit Dr. Birkebak gemacht habe: „Direkter Zusammenhang zwischen dem, wie ein Kind sich fühlt und wie es sich verhält – Wenn ein Kind sich wohlfühlt, wird es sich eher angemessen verhalten – Gefühle müssen akzeptiert werden; werden sie ständig geleugnet, ist das Kind verwirrt und wird wütend – Eltern akzeptieren selten die Gefühle ihrer Kinder.“

Prompt steht mir eine Szene vor Augen: Ich mußte in unserem Garten einen Baum fällen, da er den anderen das Licht wegnahm. „Das erledige ich noch schnell am Vormittag, wenn die Kinder in der Schule und im Kindergarten sind. Dann kommen sie mir wenigstens nicht zwischen die Beine“, sagte ich mir und machte mich ans Werk. Ich rechnete allerdings nicht mit der Reaktion meiner Tochter. Als sie nach Hause kam und den abgesägten Baumstamm sah, machte sie große Augen und zog sich betroffen in ihr Zimmer zurück. Verheult kam sie dann zum Mittagessen und legte los: „Papa, warum hast du den Baum einfach abgesägt? Jetzt kann ich nicht mehr draufklettern.“ Ich erklärte ihr, daß er den anderen das Licht weggenommen hatte und es noch genügend andere Bäume im Garten zum Klettern gäbe. Aber sie wollte nicht auf mich hören und weinte um so mehr. Als es eine Zeitlang so weiterging, brach es ärgerlich aus mir heraus: „Stell dich doch nicht so an und hör endlich auf zu heulen!“

„Test nicht bestanden! Note fünf für Einfühlungsvermögen“, muß ich mir jetzt eingestehen.

Als ich genauer nachdachte, fiel mir auf, daß dies keine Ausnahme war. Die Gefühlsäußerungen meiner Kinder irritierten mich immer wieder. Sie waren mir oft lästig, und ich neigte dazu, sie herunterzuspielen. Mit meinen eigenen Empfindungen ging ich genauso um. „Das muß anders werden“, nahm ich mir vor.

Ich (Eberhard Mühlan) bin mit dem Auto unterwegs und schiebe eine Vortragskassette von Andreas Schröter in das Abspielgerät. „Eberhard, die mußt du dir unbedingt anhören“, drängte mich mein Freund, „das Thema ist äußerst wichtig. Ich komme jetzt mit den Gefühlsäußerungen meiner Kinder viel besser klar.“

„Na, mal sehen, was er Wichtiges über die Gefühle von Kindern zu sagen hat“, denke ich.

Die vier Schritte seiner Strategie faszinieren mich. Andreas nennt sie „Erste Hilfe für verwirrte Gefühle“:

- *Gefühle akzeptieren*
- *Gefühle nachempfinden*
- *Gefühle benennen* und
- *Gefühle zum Ausdruck bringen.*

Genau das müssen Eltern wissen und anwenden! „Wir müssen uns zusammentun und ein Buch darüber schreiben“, rufe ich ihn begeistert an. So ist die Idee für dieses Buch entstanden. Gemeinsam haben wir über der Thematik gebrütet, und weil wir einer Meinung sind, werden wir in der Ich-Form fortfahren.

Das letzte Kapitel sollten Sie mit Ihren Kindern durchgehen. Das gemeinsame Durcharbeiten der Gedankenanstöße und das Ausfüllen der Schaubilder wird Ihnen helfen, Ihre Gefühle zu benennen und besser zum Ausdruck zu bringen.

Dies ist also ein Buch für Eltern und Kinder! Unser Wunsch ist, daß es Ihnen in Ihrer Familie gelingt, *mit* Gefühlen zu leben, nicht *dagegen.*

Was ist wichtiger – IQ oder EQ?

Jeder weiß, was der IQ – der Intelligenz-Quotient – ist, aber wissen Sie auch, daß Fachleute inzwischen vom EQ – dem Emotionalen Quotienten – sprechen und behaupten, er sei sogar wichtiger als der IQ? Köpfchen allein reicht nicht aus, um beruflich und privat erfolgreich zu sein. Was nützt es einem Menschen, einen phantastischen IQ mit einer enormen intellektuellen Aufnahmefähigkeit zu haben, wenn er im Umgang mit Kollegen und Mitmenschen ein „Ekelpaket" ist und mit sich selbst nicht zurechtkommt?

Im Klartext: Nur wer mit seinen Gefühlen und denen anderer Menschen gut umgehen kann, kommt im Leben wirklich weiter. In standardisierten IQ-Tests werden verbale und nonverbale Fähigkeiten gemessen, darunter Erinnerungsvermögen, Wortschatz, Sprachverständnis, Problemlösungsfähigkeit, abstraktes Denken, Aufnahmefähigkeit, Informationsverarbeitung und visuell-motorische Fähigkeiten.

Der EQ dagegen ist so nicht greifbar, er kann nicht durch genaue Testverfahren gemessen werden. Allerdings kann klar gesagt werden, was alles dazu zählt.

„Der Begriff „Emotionale Intelligenz" wurde 1990 zum ersten Mal von den Psychologen Peter Salovey

(Harvard University) und John Mayer (University of New Hampshire) benutzt, um emotionale Eigenschaften zu beschreiben, die offensichtlich wichtig für Erfolg im Leben sind. Dazu gehören:

Empathie (Mitgefühl)
Gefühle zum Ausdruck bringen und verstehen können
Kontrolle über seine Stimmungen
Anpassungsfähigkeit
Beliebtheit
Fähigkeit zu zwischenmenschlicher Problemlösung
Ausdauer
Freundschaft
Freundlichkeit
Respekt."[1]

Eltern und Erzieher geben sich größte Mühe, Kinder schlauer zu machen. Neueste Untersuchungen weisen auf eine permanente Steigerung in den letzten Jahrzehnten hin. Was tun ehrgeizige Eltern nicht alles, um die intellektuellen Fähigkeiten ihrer Sprößlinge schon im Kleinkindalter zu fördern und zu drillen – ob es nun Frührechnen, Frühlesen oder musikalische Früherziehung heißt –, damit ihr Kind einen tollen IQ aufweisen kann!

Doch während offenbar jede weitere Kindergeneration klüger wird, nehmen die emotionalen und sozialen Fähigkeiten stark ab. Die Erhebungen über emotionale und soziale Probleme bei Kindern sind absolut beunruhigend. Die lawinenartige Zunahme von Suchtverhalten und Gewalttätigkeit unter Kindern und Jugendlichen bereitet dabei wohl die größte Sorge.

Die Drogenkonsumenten werden immer jünger, warnt das Bundesgesundheitsministerium. Das Institut für Therapieforschung in München meldet, bereits in der fünften Schulklasse hätten 60 % der Kinder Erfahrungen mit Alkohol, 40 % mit Nikotin. Dabei sind Alkohol und Nikotin die klassischen Einstiegsdrogen in andere, gefährlichere Suchtmittel. Und was ist mit den anderen Süchten wie Eß-, Spiel-, Fernseh-, Computer- und Sexsucht . . . ?

Was das Thema Gewalt unter Kindern angeht, haben uns die Schulmassaker in Littleton und anderen amerikanischen Städten erneut aufgeschreckt. Nun gut, in Deutschland liegen zum Glück meistens keine Feuerwaffen in den Schränken der Eltern herum; dennoch melden die Zeitungen täglich Erschreckendes. In den letzten Jahren gehen Mitschüler anders miteinander um als früher. „Es ist brutaler geworden", sagt ein Polizeipressesprecher. „Mobbing, Rempeleien und Beschimpfungen bestimmen inzwischen den Schulalltag." Die Beobachtung des Pressesprechers ist aufschlußreich: „Die Kinder reagieren auf sich selbst bezogen übersensibel, gegenüber anderen aber immer rücksichtsloser!" Das heißt, wenn ein Kind verbal oder physisch angegriffen wird, rastet es schnell aus. Doch andererseits rechnet ein Schüler, der einem anderen ins Gesicht schlägt, überhaupt nicht damit, daß der davon Kopfschmerzen bekommen könnte.

Nach den Ursachen für die Probleme der Kinder von heute befragt, weisen Sozialwissenschaftler auf die komplexen gesellschaftlichen Veränderungen in den letzten 40 Jahren hin. Dazu gehören vor allem gestiegene Scheidungszahlen, der um sich greifende, negative Einfluß des Fernsehens und anderer Medien sowie die zu geringe Zeit, die Eltern mit ihren Kindern verbringen. Überhaupt haben das schnelle Lebenstempo, Lärm, Reiz- und Informationsüberflutung, ungesunde Ernährung und zu wenig Bewegung eine Welle von Depressionen, Angstzuständen und Schlaflosigkeit ausgelöst. Und es sieht nicht so aus, als ob sich das in absehbarer Zeit ändern würde – eher läuft es auf eine Eskalation hinaus.

Deshalb kommt es jetzt und auch künftig darauf an, daß Eltern mehr Aufmerksamkeit darauf verwenden, bei ihren Kindern die Entwicklung emotionaler und sozialer Fähigkeiten zu fördern. Gesunde Gefühle entstehen nicht einfach von selbst. Diese Zeiten sind vorbei!

Eltern müssen ihren Kindern Wege aufzeigen, wie sie besser mit dem emotionalen Streß der Gegenwart umgehen können. Hektik und Lärm machen anfällig für Reizbarkeit und Wut. Bringen Sie Ihrem Kind bei, wie man diese Gefühle erkennt und kanalisiert. Mobbing und Gewalt in der Schule ängstigen Kinder bis ins Mark, häufiger Wohnungswechsel isoliert sie, die Medien verunsichern sie: Schaffen Sie ein Familienklima, in dem sich Ihr Kind geborgen fühlt, in dem es verstanden wird und seine Gefühle zum Ausdruck bringen darf. Helfen Sie ihm, enge Freundschaften aufzubauen und aufrechtzuerhalten, und vor allem: Leben Sie ihm vor, daß es in diesem angstmachenden Wirrwarr einen Halt und einen Ruhepol gibt, nämlich die lebendige Beziehung zu dem Schöpfergott, der sich „Vater" nennt und die größte emotionale Geborgenheit und Stabilität geben kann, die ein Mensch erleben kann.

Über die Themen Familienklima, Freundschaften, soziales Verhalten, Umgang mit Medien usw. haben Claudia und Eberhard Mühlan in ihren bisherigen Veröffentlichungen schon ausführlich geschrieben, vor allem in dem „Das große Familien-Handbuch"[2], in dem Sie die Themen nach Stichworten geordnet nachschlagen können. Der gesunde Umgang mit Gefühlen ist jedoch auch für uns Neuland, deshalb geht es auf den nächsten Seiten um dieses Thema.

Gefühle – nicht gegen sie, sondern mit ihnen leben!

Nur wer mit seinen Gefühlen und mit denen anderer Menschen klug umgehen kann, es also schafft, sich in sie hineinzuversetzen, kommt im Leben weiter. Das heißt nicht, daß jeder seinen Gefühlen nun einfach freien Lauf lassen sollte – es kommt auf die richtige Balance zwischen Emotionen und Verstand an. In uns gibt es zu viele widerstreitende Gefühle, als daß wir es uns leisten könnten, uns von jeder Emotion chaotisch herumtreiben zu lassen. Emotionale Intelligenz besteht darin, Zorn, Trauer, Furcht, Freude, Zuneigung, Ablehnung zu identifizieren und angemessen darauf zu reagieren, statt sich davon treiben oder lähmen zu lassen.

Kinder erscheinen oftmals wie ein „personifiziertes Gefühl“ – vor allem die kleineren, die emotional noch nicht so stark „verbogen“ sind.

Ich brauche nur an den dreijährigen Daniel zu denken. Wenn ihm etwas nicht gefällt, demonstriert er das mit seinem ganzen Körper: Er dreht sich weg, zieht die Augenbrauen zusammen und senkt den Kopf. Oder die typische Unmutsreaktion der fünfjährigen Marie: Blitzschnell verschränkt sie die Arme, setzt ein Bein wie zum Kampf etwas nach vorn und dreht den Kopf zur Seite.

Andererseits können Kinder ihrer Freude Ausdruck

verleihen, wie Erwachsene es gar nicht mehr fertig bringen: Sie springen buchstäblich in die Luft, schreien laut auf, laufen und hüpfen im Kreis. Ein Kind weint leicht – kann aber auch schnell wieder lachen.

Warum verlieren sich diese spontanen Gefühlsäußerungen bei vielen Kindern mit dem Älterwerden? Tragen Eltern und andere Autoritätspersonen etwa entscheidend dazu bei? Auf jeden Fall! Freudige Gefühlsäußerungen läßt man sich vielleicht noch gefallen, wenn sie nicht zu laut und stürmisch sind – aber Unmuts- oder gar Wutäußerungen? Die gehören sich einfach nicht!

Da muß ich Ihnen eine konkrete Frage stellen: Welchen Stellenwert haben Gefühle für Sie persönlich und in Ihrer Familie? Ich nehme an, daß etliche Eltern unter den Lesern in Familien aufgewachsen sind, in denen Gefühlsäußerungen als schwächlich galten oder sogar unterdrückt wurden. Viele Väter sind mit dem Spruch aufgewachsen: „Ein richtiger Junge weint nicht", und etliche Mütter wurden dazu angehalten, sich stets zu „beherrschen".

Mir selbst ging es nicht anders: Viele Jahre meines Lebens habe ich gegen meine Gefühle gelebt. Immer war ich darum bemüht, sie unter Kontrolle zu halten, um effektiver arbeiten zu können. Schließlich nahm ich sie gar nicht mehr richtig wahr und – das ist das Fatale – konnte mit den Gefühlen anderer Menschen auch nicht richtig umgehen. Die Tränen meiner Frau irritierten mich am Anfang unserer Ehe total. Wie ein Trottel stand ich daneben, wußte nicht, wie ich reagieren sollte und hätte sie ihr am liebsten ausgeredet.

Andere nehmen ihre Gefühle zwar wahr, können sie aber nicht steuern. In ihnen brodelt es wie in einem Vulkan; keiner weiß, wann sich die glühende Lava über andere ergießen wird.

Wie können Sie und Ihre Kinder lernen, Gefühle zu verstehen und richtig zum Ausdruck zu bringen? Wie können Sie es schaffen, nicht *gegen,* sondern *mit* den Gefühlen zu leben?

Gefühle haben viele Gesichter

An den folgenden Gesichtern können Sie studieren, wie vielfältig Gefühle sich darin ausdrücken.

Wie fühlen Sie sich heute? Versuchen Sie einmal, Ihre jetzige Gemütsverfassung in dem Gesicht unten mit ein paar Bleistiftstrichen zu skizzieren!

Können Sie Ihre Gefühle richtig auf den Punkt bringen? Manch einer ist sich gar nicht richtig bewußt, was in ihm vorgeht, und muß erst wieder lernen, seine Gefühle zu akzeptieren, sie zu empfinden, zu benennen und angemessen zum Ausdruck zu bringen. Wenn Sie Ihrem Kind helfen wollen, ausgewogen mit seinen Gefühlen zu leben, müssen auch Sie es (wieder) lernen, denn Sie sind ihm das eindrücklichste Vorbild. Wenden Sie deshalb bitte die Ratschläge auf den folgenden Seiten zunächst immer auf sich an, bevor Sie sie auf Ihr Kind beziehen!

SCHÜCHTERN
FRUSTRIERT
MISSTRAUISCH
SELBSTSICHER
BOSHAFT
GLÜCKLICH
EIFERSÜCHTIG
VERLIEBT
BESORGT
EINSAM
GELANGWEILT
ÜBERRASCHT
VORSICHTIG
TRAURIG
WÜTEND

ERSCHÖPFT
HYSTERISCH
VERZÜCKT
VERLEGEN
BESCHÄMT
ÜBERWÄLTIGT
SCHULDIG
ENTTÄUSCHT
VERWIRRT
HOFFNUNGSVOLL
SELBSTGEFÄLLIG
ANGEEKELT
ÄNGSTLICH
GESCHOCKT
BELEIDIGT

Sind Sie auch mit der gängigen Aufteilung in „gute“ und „schlechte“ – oder „angemessene“ und „unangemessene“ – Gefühlsäußerungen aufgewachsen? Zum Beispiel gelten Freude, Fröhlichkeit, Dankbarkeit und Begeisterung für viele als „gute“ oder „angemessene“ Empfindungen; Ärger, Zorn, Schmerz und Traurigkeit dagegen als „schlecht“ oder „unangemessen“. Diese Einteilung ist nicht sinnvoll; sie ist sogar gefährlich. Als Spiegelbild der Seele sind Gefühle zunächst einmal wertneutral. Ihre Empfindungen sind nicht negativ, und Sie tun gut daran, sie sich zuzugestehen. Aber die Art und Weise, wie Sie die Emotionen dann ausdrücken, ob Sie zum Beispiel einen anderen Menschen damit erniedrigen oder verletzen, ist entscheidend. Die Bibel gesteht uns Gefühlsäußerungen wie Zorn zu, ermahnt uns aber, dabei nicht zu sündigen: „Zürnt ihr, so sündigt nicht!“ (Epheser 4, 26)

Freude, Traurigkeit, Ärger und Angst sind für Experten die *vier Grundgefühle („primäre Gefühle“)*.

Das Gefühlsrad

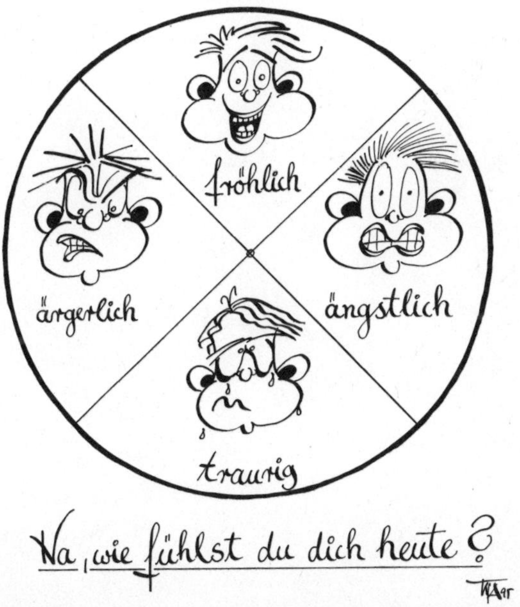

Für ein Kind (und auch jeden Erwachsenen) ist es durchaus normal und gesund, im Laufe eines Tages das gesamte Spektrum mit den sich daraus ergebenden („sekundären") Empfindungen zu durchlaufen. Schwierig wird es, wenn man längere Zeit in einem der vier Grundgefühle „steckenbleibt". Dann kann aus Traurigkeit eine Depression werden oder aus Ärger unbeherrschte Wut. Diese Situation spricht der Epheserbrief an: „Die Sonne gehe nicht unter über eurem Zorn, und gebt dem Teufel keinen Raum." (Epheser 4,27)

„Erste Hilfe“ für verwirrte Gefühle – eine Strategie in vier Schritten

1. Gefühle akzeptieren

Wenn Sie Ihrem Kind helfen möchten, *mit* seinen Gefühlen zu leben statt *gegen* sie, müssen Sie seine Empfindungen zunächst einmal akzeptieren. Das ist leichter gesagt als getan. Häufig beobachte ich, daß einem Kind seine momentanen Gefühlsäußerungen einfach nicht zugestanden werden; das betrifft besonders Traurigkeit, Schwäche, Schmerz und Ärger. Warum nur?

Gefühlsäußerungen ihrer Kinder sind Eltern oft peinlich oder unbequem. Sie wissen nicht, wie sie damit umgehen sollen. Um das Kind zu besänftigen, spielen sie die Empfindungen herunter, was die Situation häufig nur verschlimmert. Geschrei geht ihnen auf die Nerven, Widerspruch irritiert sie, Tränen bringen sie aus der Fassung. Darüber hinaus bewegt Eltern die Sorge: Wenn ich Gefühlsäußerungen zulasse, dann nutzt mein Kind mich aus oder wird sich nicht mehr beherrschen können.

Sind Ihnen folgende Dialoge vertraut?

Kind: „Mama, ich bin noch müde.“

Mutter: „Du kannst nicht müde sein. Du bist gestern zeitig genug schlafen gegangen.“

Kind (lauter): „Aber ich bin müde!“
Mutter: „Du bist nicht müde. Du bist nur ein bißchen schläfrig. Zieh dich jetzt an!“
Kind (weint): „Nein, ich bin aber müde.“

Kind: „Es ist heiß hier drin.“
Eltern: „Quatsch, es ist kalt. Laß deinen Pulli an!“
Kind: „Mir ist aber heiß!“
Eltern: „Ich habe gesagt: ‚Laß deinen Pulli an!‘“
Kind: „Nein, mir ist heiß!“

Kind: „Die Kinderstunde war langweilig.“
Vater: „Nein, war sie nicht. Die anderen Kinder sagen, sie war interessant.“
Kind: „Es war blöd.“
Vater: „Es war gut – wie immer!“
Kind: „Es war saudoof!“
Vater: „Sprich nicht so!“

Erkennen Sie, was in diesen Szenen abläuft? Die Gespräche enden nicht nur im Streit, die Eltern teilen ihren Kindern auch noch fortwährend mit, daß sie ihren eigenen Empfindungen nicht trauen können und sich stattdessen auf die Wahrnehmung ihrer Eltern verlassen sollen.

Kinder werden verwirrt und häufig wütend, wenn ihre Empfindungen nicht ernstgenommen, sondern einfach geleugnet werden.

Aber wie kommt man an den Punkt, daß man die Gefühle seines Kindes stehenläßt?

Versuchen Sie es einmal mit „Mund halten“. Ja, einfach schweigen! Erwachsene reagieren oft zu schnell mit Ratschlägen, Einschränkungen und Verboten. Ein kurzes „Hmm“ oder „Oh“ kann dem Kind eher helfen, sich besser über seine Gefühle klarzuwerden. Es geht ja schlicht darum, Gefühle zu akzeptieren.

Bemerkungen wie „Hm, du fühlst dich immer noch müde?“ oder „Für dich ist es heiß hier drin. – Für mich ist es kalt“ oder „Ich verstehe, für dich war die Kinderstunde nicht schön“, sind dann schon eine großartige Steigerung. Mit diesen Sätzen akzeptieren Sie nämlich, daß Sie und Ihr Kind tatsächlich zwei unterschiedliche Persönlichkeiten mit unterschiedlicher Wahrnehmung sind.

Versuchen Sie es einmal! Sie werden sehen, es wird seltener zu Streit und Wutausbrüchen kommen – selbst wenn Sie wirklich einmal darauf bestehen müssen, daß ein Pullover angezogen bleibt, weil es tatsächlich kalt ist.

Hier sind einige Gesprächsbeispiele mit Kinderäußerungen, die Eltern nicht gerne hören und deshalb schnell automatisch unterdrücken. Notieren Sie zunächst unter a) kurz, was Eltern erwidern, die die Gefühle eines Kindes nicht akzeptieren.

Kind: „Ich mag das neue Baby nicht!“
a) *Eltern (verleugnen die Gefühle):*

____

____

Kind: „Die Geburtstagsfeier war dämlich.“
(Nachdem Sie Ihr Bestes gegeben haben, um eine wunderschöne Party zu gestalten.)
a) *Eltern (verleugnen die Gefühle):*

____

____

Kind: „Ich bin so wütend. Nur weil ich zwei Minuten zu spät in die Turnhalle gekommen bin, hat mich der Lehrer nicht mitspielen lassen."
a) *Eltern (verleugnen die Gefühle):*

____

____

Haben Sie unter a) vielleicht Antworten wie diese geschrieben: „So etwas kannst du doch nicht sagen. Das ist deine Schwester!"

„Was redest du denn? Die Feier war großartig! Du bist wirklich undankbar!"

„Reg dich nicht auf. Der Lehrer hatte vollkommen recht. Du hättest pünktlich sein sollen."

Jetzt versuchen Sie einmal, unter b) einzutragen, was Eltern erwidern, die die Gefühle ihres Kindes akzeptieren.

Kind: „Ich mag das neue Baby nicht!"
b) *Eltern (akzeptieren die Gefühle):*

____

____

Kind: „Die Geburtstagsfeier war dämlich."
b) *Eltern (akzeptieren die Gefühle):*

___

___

Kind: „Ich bin so wütend. Nur weil ich zwei Minuten zu spät in die Turnhalle gekommen bin, hat mich der Lehrer nicht mitspielen lassen."
b) *Eltern (akzeptieren die Gefühle):*

___

___

Unter b) könnten Antworten kommen wie: „Du kannst dich über unser neues Baby nicht so richtig freuen" oder: „Dich muß irgend etwas geärgert haben" oder: „Ich verstehe, daß du sauer bist."

Wenn Sie Ihrem Kind helfen wollen, *mit* seinen Gefühlen statt *gegen* sie zu leben, müssen Sie seine Empfindungen anerkennen. Eltern neigen dazu, sie herunterzuspielen oder zu leugnen.

Dagegen würde eine schlichte Anerkennung seiner Gefühlslage das Kind oftmals besänftigen und motivieren.

Anstatt Gefühle herunterzuspielen
oder zu leugnen . . .

… Gefühle akzeptieren!

2. Gefühle nachempfinden

Auf der Grundvoraussetzung „Gefühle akzeptieren" baut der nächste Schritt auf: „Gefühle von Kindern nachempfinden". Damit das gelingt, muß sich manch einer dazu aufraffen, zunächst einmal richtig zuzuhören.

In unserer hektischen Zeit ist Zuhören eine der wichtigsten Aufgaben für Eltern! Sie sollten sich das neu als Ziel setzen. Signalisieren Sie Ruhe und Geduld, indem Sie beispielsweise bewußt die Zeitung zur Seite legen, sich zu Ihrem Kind auf den Boden setzen und Augenkontakt suchen.

Ein guter Zuhörer „hört" auch mit den Augen. Achten Sie auf die nonverbalen Botschaften Ihres Kindes: den Gesichtsausdruck, die Gestik, die Körperhaltung. Wenn Sie dies nicht miteinbeziehen, entgeht Ihnen vieles. Aber wenn Sie auf diese Signale achten, können Sie besser herausfinden, ob ein Kind niedergeschlagen oder ausgeglichen ist, ob es sich ärgert oder gute Laune hat.

Worte sind Symbole für das, was im Herzen vor sich geht. Gute Zuhörer achten über die Worte hinaus auf Gefühle, die dahinter stehen, und auf deren Ursache. Beim Zuhören bewegen sie vor allem zwei Fragen: „*Was* empfindet mein Kind?" und „*Warum* empfindet es so?"

Schließlich sind gute Zuhörer aktive Zuhörer. Wiederholen Sie mit eigenen Worten, was Sie verstanden haben. Damit zeigen Sie, daß Sie wirklich zugehört haben und Ihr Kind richtig verstehen wollen. Sie können zum Beispiel zwischendurch zusammenfassen: „Du meinst ..." oder: „Habe ich das so richtig verstanden ...?" So eine Rückmeldung hilft dem Kind, sich selbst zu verstehen und seine Gedanken zu ordnen. Vor allem zeigt diese Reaktion, daß Sie Ihr Kind als Gesprächspartner ernst nehmen.

Oftmals prallen Erwachsenendenken und Kinderdenken aufeinander. Während wir „Großen“ viele Situationen rational und logisch erklären können, ist für ein Kind vieles geheimnisvoll, bedrohlich, unerklärlich. Bemühen Sie sich, sich bewußt in die Kinderwelt „einzufühlen“. Vielleicht hilft es Ihnen, sich an Ihre Kindheit zurückzuerinnern. Welche Szenen haben Sie vor Augen?

Also, ich kann mich noch lebhaft daran erinnern, wie unheimlich es war, wenn ich die leeren Limoflaschen in der Abenddämmerung in den dunklen Keller tragen mußte. Und ich kann heute noch nachempfinden, wie geborgen ich mich fühlte, wenn ich auf meinem kleinen Kinderstuhl zu den Füßen meines Vaters saß und, meinen Kopf an sein Knie gelehnt, in einem Bilderbuch blätterte, während er in der Zeitung schmökerte.

Auch Kinderlogik ist für Erwachsene verblüffend andersartig. Als die vierjährige Tirza das erstemal mit uns im Flugzeug flog, schaute sie aufgeregt aus dem kleinen Seitenfenster und fragte ganz ernsthaft: „Mama, wo ist bloß die Treppe zum Runtergehen?“

Als unsere Tochter Mirjam drei Jahre alt war, wollte ich ihr deutlich machen, welche enorme Wirkung Worte haben können, und fragte sie: „Wozu hat uns Gott denn unsere Zunge gegeben?“ Nach einer kurzen Denkpause meinte sie: „Zum Eisschlecken!“

Ein anderes Mal wollte ich ihr beibringen, daß Gott keinen Körper hat, sondern „Geist“ ist (Joh. 4,24). Da meinte sie: „Ja, sind denn seine Beine direkt am Kopf angewachsen?“

Sich einmal in die Perspektive von Kindern zu begeben, kann uns helfen, ihre Gefühle nachzuempfinden. In einem Freizeitpark, den wir mit unseren Kindern besuchten, waren in einer Halle einige Zimmer so eingerichtet, daß sie der Größenwahrnehmung von Kleinkindern entsprachen. Plötzlich stand ich vor einem Stuhl, der so hoch war, daß ich nur mit Mühe hätte draufklettern können. Auf den Tisch konnte ich gerade so schielen, und das dunkle Sofa in der Ecke türmte sich bedrohlich auf wie ein Berg. Wundern Sie sich da noch, daß ein Kind hinter Ihnen Schutz sucht, wenn ein Hund heranstürmt? Für das Kind ist er so groß, wie ein herangaloppierendes Pferd es für Sie wäre.

Mit diesen Beispielen möchte ich Sie anregen, bewußt „in die Schuhe eines Kindes zu schlüpfen" und die Umwelt mit seinen Augen wahrzunehmen. So wird es Ihnen leichter fallen, seine Gefühle nachzuempfinden.

Schauen Sie sich einmal die Comics auf den folgenden Seiten an.

Wenn ein Kind sich etwas wünscht, es aber nicht bekommen kann, reagieren Erwachsene meist mit logischen Erklärungen, warum es nicht geht. Das Kind protestiert dann oft umso heftiger, je mehr es erklärt bekommt. Schließlich erhält es die Abfuhr: „. . . hör auf, dich wie ein Baby zu benehmen!" Das kommt Ihnen doch bekannt vor, oder?

Der nächste Comic zeigt, wie die Situation aufgefangen werden kann. Statt Erklärungen und Logik anzuwenden, sollten Sie nachempfinden, wie dem Kind zumute ist.

Die Realität ist einfach leichter zu ertragen, wenn jemand versteht, wie sehr man sich etwas wünscht. In dieser Geschichte gibt sich die Mutter die größte Mühe, ihr Kind zu verstehen und ernstzunehmen. Der einfache Satz: „Ich wünschte, ich hätte welche für dich", verändert die Stimmung. Aber was tun Erwachsene statt dessen oft? Sie argumentieren gegen die Empfindungen des Kindes und begegnen ihm rational, während es sich auf einer rein gefühlsmäßigen Ebene bewegt.

In unserem Beispiel beginnt die Mutter sogar, mit dem Kind zu träumen: „Wenn ich könnte, würde ich dir eine

Ich will SMACKS, Mama!
HABEN WIR NICHT, MEIN SCHATZ!
Ich will aber welche!
SOLL ICH WELCHE HERZAUBERN, ODER WAS?!?
ABER WIR HABEN CRUNCHIS + Flakes!!
PFFFT...
Will ich nicht!
DANN EBEN NICHT!
... UND HÖR AUF, DICH WIEDER WIE EIN BABY ZU BENEHMEN!
BUM BUM BUM

Ich will SMACKS, Mama!
OOH! DAS TUT MIR ABER LEID, SCHATZ! DIE SIND LEIDER ALLE!
ICH WILL ABER WELCHE!
ICH WÜNSCHTE, ICH HÄTTE WELCHE FÜR DICH, LIEBLING ... ABER ICH KÖNNTE DIR CHRUNCHIS + Flakes ANBIETEN!
OOOOCH! WO ICH DOCH SMACKS SOOOO GERN MAG!
WENN ICH KÖNNTE, WÜRDE ICH DIR EINE RIESENPORTION HINSTELLEN!
NA GUT! TRÖSTEN WIR UNS HALT MIT CHRUNCHIS + Flakes ...
AHA
CHRUNCHIS
WA 95

Riesenportion hinstellen!“ Dadurch, daß sie dem Kind den Wunsch in der Phantasie erfüllt, gibt es ein „Happy End“.

Nun gut, Sie mögen einwenden: „Läuft das nicht ein wenig zu ideal ab?“ Zugegeben, einen Choleriker unter Ihren Kindern werden Sie mit dieser einfühlsamen Art kaum vollkommen umstimmen können, doch Sie können zumindest Extremreaktionen entgegenwirken.

Gerade neulich bei einem Sonntagsbummel wollte die fünfjährige Marie einen Kaugummi. Bereitwillig kramte ich in meiner Tasche, mußte aber feststellen, daß keiner mehr da war. Die dann folgende Szene hätten Sie miterleben sollen. „Ich will aber einen! Ich will aber einen!“ schrie sie und trottete heulend zwanzig Meter hinter uns her. Ich besann mich auf mein Manuskript, wartete auf sie, hockte mich hin und beteuerte: „Ich würde dir so gern einen Kaugummi geben. Aber guck in meine Tasche, sie sind alle aufgebraucht. Ich wünschte, ich könnte dir einen Riesenberg davon in deine Kapuze schütten ...“ Sie hörte nicht auf zu lamentieren, war aber immerhin bereit, mit uns zu gehen. Obwohl mir einiges auf der Zunge lag, verlor ich kein Wort mehr darüber, und schließlich fand sie sich damit ab. Das war sicherlich kein voller Erfolg, aber immerhin konnte ich ihr doch den Verarbeitungsprozeß erleichtern.

Sie werden merken, daß Sie bei einem anderen Temperamentstypen gute Erfolge erzielen werden. Tabitha hat manchmal sehr starke spontane Wünsche. „Papa, Papa, ich will jetzt ins Hallenbad! Jetzt!!“ Würde ich antworten: „Du hast aber Ideen! Ich kann doch nicht einfach aufhören zu arbeiten“, wäre sie bitter enttäuscht. Statt dessen sage ich: „Du, ich würde auch am liebsten die Sachen packen und losziehen ...“ Dadurch mache ich es ihr leichter, ihren spontanen Wunsch abzugeben.

3. Gefühle benennen

Kinder tragen oft recht unterschiedliche Gefühle in sich, können sie aber schwer in Worte fassen. Manchmal wissen sie gar nicht, warum sie so empfinden. Also versuchen Sie doch, dem Gefühl einen Namen zu geben. Dann kann es besser erfaßt und ausgedrückt werden und schwebt nicht mehr unfaßbar im Raum. Wenn ein Kind

lernt, seine Empfindungen zu identifizieren und zu benennen, kann es besser damit umgehen und leichter selbst eine Lösung finden.

Es ist seltsam: Wenn wir ein Kind noch so freundlich dazu bewegen wollen, seine Gefühle zu verdrängen, regt es sich meistens noch mehr auf. Der Vater in unserem Beispiel verhält sich typisch für viele Erwachsene, die nicht mit Trauer umgehen können. Gleich zu Beginn bagatellisiert er das Empfinden seiner Tochter. „Ist doch nicht so schlimm!", oder: „Das war doch nur'n Kaninchen!" sind typische Reaktionen eines Menschen, der Gefühle schwer nachempfinden kann. Das Kind fühlt sich nicht verstanden und fängt noch mehr an zu weinen. Das bringt den Vater aus der Fassung; mit diesem Gefühlsausbruch kann er gar nicht umgehen. „Schluß jetzt! Nun werd nicht bockig!" ist eine „beschämende Botschaft", denn sie bringt „Scham" auf das Kind: *So wie du dich jetzt fühlst, ist es nicht in Ordnung!* Dabei wird auch noch die Person angegriffen. Kein Wunder, daß das Kind sich auf den Boden wirft und total unverstanden fühlt.

Wie hätte ein einfühlsamer Vater reagiert? Ein Beispiel zeigt das Comic auf der folgenden Seite. So wie dieser Vater reagieren die wenigsten Erwachsenen. Unbewußt haben sie Angst, daß die Situation noch schlimmer wird, wenn sie auf die Gefühle des Kindes eingehen und sie benennen. Doch das Gegenteil ist der Fall! Wenn seine Empfindungen in Worte gefaßt werden, fühlt sich das Kind verstanden und getröstet.

Schauen wir uns die Reaktion des Vaters noch einmal an. Auf eine traurige Nachricht weiß man oft nicht, was man sagen soll. Mit dem „Ooh!" versucht der Vater, sich in die Lage seiner Tochter zu versetzen, und gibt ihr Gelegenheit, ihre Gefühle zu sortieren. Dann versucht er, diesem Gefühl einen Namen zu geben: „So einen guten Freund zu verlieren tut sicher weh!" Das hilft ihr, den

Papa ... SCHLUCHZ Schneeflöckchen ist heute morgen gestorben.
OOH! ARMES SCHNEEFLÖCKCHEN.
Schnee-flöckchen
SCHLUCHZ
SO EINEN GUTEN FREUND ZU VERLIEREN TUT SICHER WEH, MEIN SCHATZ!
Schnee-flöckchen
DU HAST SCHNEEFLÖCKCHEN WIRKLICH LIEB GEHABT.
WIR HABEN SO SCHÖN GEKUSCHELT.
Schnee-flöckchen
NUN KOMM ...
WIR BEERDIGEN SCHNEEFLÖCKCHEN IM GARTEN.

Schmerz nicht mehr zurückzuhalten, und gibt ihr die Möglichkeit, darüber zu reden, was ihr der Verlust bedeutet: „Wir haben so schön gekuschelt." Wieder versucht der Vater, das Gefühl zu benennen: „Du hast Schneeflöckchen wirklich lieb gehabt." Die Tochter kann ihre Gefühle benennen und fühlt sich verstanden, deswegen hat sie es nicht nötig, sich wie in der Vorgeschichte frustriert zu Boden zu werfen.

Übrigens, für diese und andere Trauersituationen gilt: Für den, der gelernt hat, seine Gefühle zu benennen, ist es leichter, sie im Gebet zu Jesus bringen. Wer seine Gefühle nicht in Worte fassen kann, versinkt leicht in namenloser Trauer.

So zu reagieren wie der Vater in unserem Beispiel erfordert Einfühlungsvermögen in die Empfindungswelt des Kindes und Übung im Benennen von Gefühlen. Ihre Haltung ist dabei wichtiger als alle Worte! Darum Vorsicht: Machen Sie diese Strategie nicht zur bloßen Methode! Wenn Sie nicht bereit sind, sich wirklich in die Empfindungen des Kindes hineinzuversetzen, wird es sich bald manipuliert oder nur therapiert fühlen.

An folgenden Äußerungen können Sie üben, das Empfinden eines Kindes zu benennen und einfühlsam auszudrücken, daß Sie verstehen, was das Kind fühlt.

Ein Beispiel:
„Der Busfahrer hat mich angeschrien, und alle haben gelacht."

a) Ein Ausdruck, der das Gefühl beschreibt:
   „Peinlichkeit"
b) Eine Aussage, die zeigt, daß Sie dieses Empfinden verstehen:
   „Das muß dir aber unangenehm gewesen sein!"

Übungen:
„Ich würde Michael am liebsten die Nase platt schlagen!"

a) Ein Ausdruck, der das Gefühl beschreibt:

____

b) Eine Aussage, die zeigt, daß Sie dieses Empfinden verstehen:

____

____

„Nur weil es ein bißchen regnete, meinte meine Lehrerin, wir könnten den Ausflug nicht machen. Die ist vielleicht doof!"

a) Ein Ausdruck, der das Gefühl beschreibt:

____

b) Eine Aussage, die zeigt, daß Sie dieses Empfinden verstehen:

____

____

„Annette hat mich zu ihrer Party eingeladen, aber ich weiß nicht . . ."

a) Ein Ausdruck, der das Gefühl beschreibt:

____

b) Eine Aussage, die zeigt, daß Sie dieses Empfinden verstehen:

____

____

„Ich weiß nicht, warum einen die Lehrer übers Wochenende so mit Hausaufgaben eindecken müssen."

a) Ein Ausdruck, der das Gefühl beschreibt:

____

b) Eine Aussage, die zeigt, daß Sie dieses Empfinden verstehen:

____

____

„Wir hatten heute Basketballtraining, und ich habe den Ball nicht ein einziges Mal in den Korb bekommen."

a) Ein Ausdruck, der das Gefühl beschreibt:

____

b) Eine Aussage, die zeigt, daß Sie dieses Empfinden verstehen:

____

____

„Andrea zieht weg, und sie ist meine beste Freundin.“

a) Ein Ausdruck, der das Gefühl beschreibt:

____

b) Eine Aussage, die zeigt, daß Sie dieses Empfinden verstehen:

____

____

Sie merken selbst, man muß sich schon anstrengen und etwas nachdenken, um einem Kind mitzuteilen, daß man es versteht. Mir geht es genauso. Den meisten von uns fällt es nicht spontan ein zu sagen:

„Mann, der muß dich ja geärgert haben!“ oder

„Das muß dich ja enttäuscht haben!“ oder

„Hmm, du scheinst unsicher zu sein, ob du dorthin gehen solltest“ oder

„Es klingt, als wenn du die Nase voll hättest von all den Hausaufgaben“ oder

„Oh, das ist wirklich frustrierend!“ oder

„Seine beste Freundin zu verlieren tut weh.“

Und doch beruhigen gerade Äußerungen dieser Art das Kind und helfen ihm, eine Lösung zu finden. Widerstehen Sie der Versuchung, gleich einen Rat zu geben. Wenn Sie dem Kind helfen, seine Gefühle zu benennen, wird es oft selbst eine Lösung formulieren können. Wenn nicht, ist immer noch Gelegenheit, mit ihm zu beraten, wie es sich weiterhin verhalten kann.

4. Gefühle zum Ausdruck bringen

Gefühle akzeptieren, sie nachempfinden und benennen, ist wichtig und erscheint manchen Erwachsenen wie eine Kunst, die erst gelernt werden muß. Doch das ist nicht alles; Empfindungen sollen ja auch angemessen ausgedrückt werden!

Dabei liegt es auf der Hand, daß Kinder ihre Gefühle temperamentbedingt unterschiedlich zum Ausdruck bringen – die einen verhaltener, sich zurückziehend, andere ungeschminkt, impulsiv, vulkanartig, und die ganz temperamentvollen scheinen sich oft gar nicht unter Kontrolle zu haben. Es gehört zur Erziehung, ein Kind darin zu schulen, so mit seinen Gefühlen zu leben, daß es weder sich selbst noch seiner Umwelt schadet. Bei dieser Aufgabe fühlen sich viele Eltern überfordert; ihnen ist beigebracht worden, nicht laut zu sein, nicht zu weinen, auch nicht zu schreien, dafür aber Ärger einfach „runterzuschlucken". Das gleiche Muster geben sie an die nächste Generation weiter.

Es zeigt sich jedoch immer wieder: Gefühle, die jemand in sich hineinfrißt und vergräbt, bahnen sich irgendwann einen Weg nach draußen, wenn auch manchmal erst Jahre oder sogar Jahrzehnte später. Ich bin vielen Menschen begegnet, die ein enormes Potential an Schmerz, Bitterkeit und Wut mit sich herumtragen. Irgendwann platzt dieses „Geschwür" unkontrolliert auf, oder es zieht den Körper in Mitleidenschaft. Denn was die Seele nicht tragen kann, gibt sie irgendwann an den Körper weiter.

Hier sind einige Tips, wie Sie Ihr Kind ermutigen und schulen können, seine Gefühle angemessen auszudrücken.

Über Gefühle sprechen!

Sicherlich geht es Ihnen auch so: Wenn Sie schlecht gelaunt sind, reicht es manchmal tatsächlich aus, einen verständnisvollen Menschen zu finden, bei dem man seine Seele einfach „entrümpeln" darf; ein Gegenüber, das die Gefühle akzeptiert, nachempfindet und einem hilft, sie in Worte zu fassen. Oft ist für einen Erwachsenen gar nicht mehr nötig, um Dampf abzulassen und sein inneres Gleichgewicht wiederzufinden.

Für ein Kleinkind ist es dagegen schwer, seine Gefühle in Worte zu fassen, einfach, weil seine sprachlichen Fähigkeiten noch nicht weit genug entwickelt sind. Wenn Ihr Zweijähriger zornig wird, weil Sie sich am Telefon zu lange mit einer Freundin unterhalten, während ihm langweilig ist oder er etwas zu essen haben will, zerrt er womöglich zunächst an Ihrer Hand und stimmt – wenn das nichts hilft – ein großes Geschrei an, denn das ist für ihn der schnellste Weg zum Erfolg. Ihr Fünfjähriger dagegen erkennt bereits, daß er sich langweilt, hungrig, traurig oder ärgerlich ist, und er kann es mit Worten ausdrücken, vorausgesetzt, Sie haben es mit ihm geübt. Ein Zehnjähriger sollte bereits ein Dutzend und mehr emotionaler Zustände erkennen und zum Ausdruck bringen können, und ein Teenager kann normalerweise ähnlich wie bereits im Hinblick auf Erwachsene beschrieben über seine Gefühle sprechen und sollte in Ihnen einen einfühlsamen Zuhörer finden.

In Familien, in denen Gefühle offen zum Ausdruck gebracht werden und wo auch darüber gesprochen wird, entwickeln Kinder ein differenziertes Vokabular für ihre Gefühle und Stimmungen. Kinder aus Familien, in denen darüber hinweggegangen wird und in denen man „nicht über Gefühle spricht", verfallen eher in emotionale Sprachlosigkeit. Wie können Sie das emotionale Vokabular Ihres Kindes erweitern?

Sie können zum Beispiel gemeinsam mit Ihren Kindern ein „Wörterbuch der Gefühle" anlegen. Bitten Sie sie, alle nur denkbaren Gefühle zu nennen und sie in alphabetischer Reihenfolge in ein leeres Heft zu schreiben, jedes Gefühl auf eine neue Seite (bei kleinen Kindern schreiben Sie sie auf). Dann lassen Sie sich diese Gefühle von den Kindern erklären. Jüngeren Kindern macht es Spaß, zu jedem Gefühl Bilder zu malen. Ältere Kinder schneiden gern Fotos aus Zeitschriften aus und kleben sie ein, oder sie ziehen es vor, sich oder jemand anderen als visuelle Gedächtnisstütze für jede Emotion zu fotografieren.

Wenn mehrere Kinder zusammen sind, können Sie sie die Gefühle auch pantomimisch darstellen und raten lassen. Da Mädchen den meisten Jungen bis ins Grundschulalter ohnehin in Sprachfertigkeit und emotionaler Ausdrucksweise überlegen sind, profitieren vor allem ausdrucksfaule Jungen von diesen Übungen.

Fröhlich und albern sein dürfen!

Fünf ausgelassene Mädchen mit ihren Freundinnen unter einem Dach, das ist schon eine Herausforderung! Da möchte man manchmal dazwischenrufen: „Schluß jetzt! Seid nicht so albern!" Manchmal ist es ja auch gerechtfertigt, aber auf Dauer schadet es dem Kind, wenn seine Freude und Ausgelassenheit ständig unterdrückt oder nur unter Mißbilligung der Eltern geduldet werden. Schließlich werden innere Spannungen oft gerade durch Albernheit und Lachen abgebaut. Wenn aus Spaß allerdings Ernst wird, Humor also in Ironie umschlägt, Scherze in Hänselei ausarten und ein Kind lieber seine Ruhe haben will, müssen die Eltern natürlich Grenzen setzen.

Am besten ist es, Sie machen den Spaß mit. Humorvolle Erwachsene, die viel lachen, stets einen Witz auf

Lager haben und selbst noch mitspielen können, sind in der Regel die „Stars" der Kinder.

Schon seit Urzeiten behauptet die Bibel: „Lachen ist die beste Medizin" (Sprüche 17,22) und empfiehlt, daß wir uns „immerzu freuen" sollen (Philipper 4,4). Neueste wissenschaftliche Untersuchungen geben uns denselben Rat. Ist das nicht interessant?

Wenn wir lachen, produziert das Gehirn einen Botenstoff – das sogenannte Serotonin –, der emotionale Botschaften vom Gehirn aus an die verschiedenen Körperteile übermittelt. „Die Bedeutung von Serotonin für den emotionalen Bereich eines Kindes kann gar nicht hoch genug eingeschätzt werden, da dieser Botenstoff viele Körpersysteme beeinflußt (wie Körpertemperatur, Blutdruck, Verdauung und Schlaf, nur um ein paar zu nennen). Er unterstützt Kinder im Umgang mit allen Arten von Streß, indem er eine Überlastung des Gehirns verhindert. Dabei hängt die Serotoninproduktion oft nur von einem Lächeln ab. Wenn wir unseren Kindern sagen, sie bräuchten einfach nur zu lächeln und alles wäre leichter, liegen wir absolut richtig."[3]

Weinen dürfen!

Sprüche wie zum Beispiel „Reiß dich zusammen!", „Hör auf zu heulen, du bist doch kein Baby mehr!" oder: „Sei keine Memme!" sollten in Ihrer Familie der Vergangenheit angehören. Wenn sich ein Kind wehgetan hat oder enttäuscht und traurig ist, sollte es sich in Ihre Arme flüchten können und getröstet werden. Eltern, die befürchten, das Geheule würde sich dadurch nur steigern, übersehen vielleicht, daß das Kind womöglich schon so verletzt ist, daß es das Weinen unbewußt einsetzt, um Zuwendung zu bekommen.

Kinder, die mit ihren Gefühlen angenommen werden

und ihren Schmerz herauslassen dürfen, brauchen ihn nicht als Waffe gegen ihre Eltern einzusetzen, weil sie sich nicht mißverstanden oder abgelehnt fühlen.

Neulich kam meine Tochter Mirjam mit bedrücktem Gesicht nach Hause. Beim Mittagessen plauderten wir miteinander, und ich erkundigte mich bei ihr, wie es in der Schule war. „Die Jungs haben gesagt, daß ich 'ne langsame Schnecke bin", antwortete sie bekümmert und stocherte weiter in ihrem Essen. Da mich die anderen Kinder gleich wieder in Beschlag nahmen, konnte ich nicht weiter auf sie eingehen, aber ich spürte, daß es sie sehr beschäftigte. Am Nachmittag mußte ich leider für einige Tage zu einer Fortbildungsveranstaltung. Ich konnte ihr trauriges Gesicht nicht vergessen und betete viel für sie. Als ich wieder zu Hause war, nahm ich mir vor, ihren Kummer abends beim Zubettbringen in unserer „Kuschelzeit" noch einmal anzusprechen. Als sie dann so in meinen Armen lag, sagte ich: „Du, ich kann mir vorstellen, daß es dir echt wehgetan hat, als die Jungs ‚langsame Schnecke' zu dir gesagt haben." Obwohl der Vorfall schon drei Tage zurücklag, brach der Schmerz richtig aus ihr hervor, und sie weinte lange, während ich sie wiegte und im stillen für sie betete. Als sie sich ausgeweint hatte, konnten wir darüber sprechen. „Wie können die Jungs nur behaupten, ich wäre langsam, wo ich's doch überhaupt nicht bin!" sinnierte sie laut vor sich hin. „Das bist du auch nicht", bestätigte ich ihr. „Das weiß ich. Ich glaube, die Jungen wollten dich einfach nur ärgern." Jetzt konnte sie den Vorfall besser einordnen, und er belastete sie nicht mehr.

Im nachhinein bin ich froh über meine gewachsene Sensibilität; früher hätte ich gar nicht so genau wahrgenommen, was die Kinder bedrückt. Aber wenn wir regelmäßig für unsere Kinder beten und Gott bitten, uns zu helfen, sie mit seinen Augen zu sehen, verändert er uns.

Eine andere Szene: Unsere Vierzehnjährige kommt mit einigen tiefen Schrammen an Arm und Gesicht von der Schule nach Hause. Sie war mit dem Fahrrad gestürzt. Das Weinen mühsam unterdrückend setzt sie sich an den Mittagstisch. Claudia, Eberhards Frau, spricht spontan das lösende Wort: „Nun komm schon, Mirke. Wein ruhig, das wird dir gut tun." Wie erlöst kuschelt sich die Große bei ihr ein und läßt den Tränen freien Lauf. Die Schrammen waren aber nur die Spitze des Eisberges. Einmal emotional offen, erzählt sie unter Schluchzen, daß sie am Morgen erfahren hat, daß ihr Lieblingslehrer gestorben ist. Jetzt kann sie ihren Kummer darüber so richtig rauslassen.

Gefühle im Gebet vor Gott bringen!

Die Psalmisten im Alten Testament zeigen uns, daß man Schmerz, Furcht und Ärger vor Gott bringen und dann wieder inneren Frieden von ihm in Anspruch nehmen kann. Sie drücken starke Gefühle aus, klagen laut, lassen sich aber nicht verbittern!

Als Beispiel sollen einige Verse aus Psalm 13 dienen:

> Herr!
> Hast du mich für immer vergessen?
> Wie lange willst du dich denn noch verbergen?
> Wie lange sollen mich die Sorgen quälen,
> der Kummer Tag für Tag an meinem Herzen nagen?
> Wie lange dürfen mich die Feinde noch bedrängen? . . .
> Doch ich verlasse mich auf deine Liebe,
> ich juble über deine Hilfe.
> Mit meinem Lied will ich dir danken, Herr,
> weil du so gut zu mir gewesen bist.

Es ist wichtig, Kinder zu ermutigen, mit ihren Gefühlen zu Gott zu gehen, damit sie erleben, daß ihnen die Last abgenommen wird. Ihr persönliches Gebetsleben wird ihnen dabei Vorbild und Ansporn sein. Falls Sie sich noch nicht getraut haben, auch gemeinsam mit Ihren Kindern zu beten – es lohnt sich, über den eigenen Schatten zu springen. Ich jedenfalls bin immer wieder erstaunt, wie unbefangen Kinder Gott um Hilfe für Verletzungen bitten, wie leicht sie ihre Last ablegen und dann auch Vergebung aussprechen können.

Natürlich läuft auch im Glaubensleben eines Kindes nicht alles glatt. Nicht immer werden ihre Gebete so erhört, wie sie es sich gewünscht haben, manchmal auch gar nicht. Sie erleben oder beobachten manches, was sie veranlaßt, Gottes Liebe und Allmacht in Frage zu stellen. Gerade, wenn sie älter werden, haben Kinder ihre Zweifel und Anfragen an Gott. Es ist ein Irrtum zu meinen, es zerstöre ihr „kindliches" Gottesbild, wenn wir sie ermutigen, ihre Zweifel im Gespräch mit den Eltern (die eingestehen werden, daß sie auch nicht auf alles eine Antwort haben) und vor Gott zu artikulieren. Im Gegenteil, für größere Kinder und Jugendliche ist es eher befreiend zu erfahren, daß sie mit Gott über alles, was sie erleben und was sie bewegt, reden können. Ihm gegenüber können sie ihr Herz ausschütten und auch schimpfen, wenn sie sich über etwas ärgern – so wie wir es auch in den Psalmen lesen können. Allerdings sollten sie ihn selbst nicht beschimpfen (siehe Psalm 73,27). In der Auseinandersetzung mit Gott sind „Ich-Botschaften" angemessener als „Du-Botschaften".

Bei einem Teenagerseminar für Eltern berichtete unsere Tochter einmal, daß sie sich während ihrer Pubertätsjahre manchmal von niemandem verstanden gefühlt hat – nicht von ihren Eltern, nicht von ihren Geschwistern, nur von Jesus! Bei ihm hat sie sich ausgeheult und beschwert und dabei oft genug erlebt, daß er sie getröstet und sogar richtig zu ihr gesprochen hat.

Schimpfen und ärgerlich sein dürfen!

Neben Schmerz dürfen Wut und Ärger – vor allem in christlichen Kreisen – oft nicht geäußert werden. „So etwas tut ein Christ nicht!" Dabei gesteht die Bibel, wie ich schon ausgeführt habe, uns zu, zornig zu sein. Nur sollen wir dabei nicht sündigen (Epheser 4,26), also andere nicht mit Worten oder Taten verletzen. Aber wie kann man Ärger herauslassen, ohne anderen zu schaden?

Wer nicht alles hinunterschlucken muß, sondern auch zugeben darf, daß er sich „wahnsinnig ärgert", und seine Gefühle benennen kann, für den ist es leichter, seinen Ärger unter Kontrolle zu halten. Eine erste Familienregel könnte deshalb lauten: „*Sprich über dich und deine Gefühle, aber greife den anderen nicht an!*" Auch die Kinder sollten dazu ermutigt und angeleitet werden. Anstatt zu sagen: „Du blöde Kuh! Du machst mich wahnsinnig!" (was den anderen nicht nur in seine Schranken weist, sondern ihn persönlich angreift), ist es allerdings besser, seinen Ärger so auszudrücken: „Ich werde ganz wütend, wenn so etwas gesagt wird."

Ich-Botschaften, die signalisieren, wie ich empfinde, sind besser als Du-Botschaften, die den anderen angreifen. Dabei lernt das Kind abzuschätzen, inwiefern es für seinen Ärger selbst verantwortlich ist und ob die Sache den Ärger wert ist. Der andere kann wohl dazu beitragen, aber ich entscheide auch selbst, wie weit ich *mich* ärgern will.

Eine zweite Regel: „*Benutze keine verletzenden Ausdrücke oder schmutzigen Schimpfwörter!*" Erst vor kurzem erzählte uns unsere Tochter, welche ordinären Kraftausdrücke bei vielen ihrer Kameraden in der Grundschule üblich sind. Wir haben zu Hause die Regel, anderen keine verletzenden oder erniedrigenden Ausdrücke an den Kopf zu werfen.

Ein angemessener Wortschatz kommt aber nicht von selbst, sondern muß vorgelebt und eingeübt werden. Wie intensiv und schnell kleine Kinder lernen, demonstrierte vor ein paar Tagen unsere zweijährige Enkelin. Aufgebracht rief sie: „Mama, du olle Eisenbahn!“ Gerade zuvor hatte sie mit ihrem älteren Bruder gespielt, der beim Zusammenstecken der Schienen vor sich hin schimpfte: „Du olle Eisenbahn!“

Ich habe persönlich den eisernen Vorsatz gefaßt, nur Ausdrücke zu gebrauchen, die auch meine Kinder in den Mund nehmen dürfen! Damit verkneift man sich einige Wörter von vornherein. Oder lassen Sie sich gern als „Blödmann“, „Dreckskerl“ oder mit Schlimmerem titulieren?

Dieser Vorsatz ist großartig und hilft enorm, einen gepflegteren Wortschatz zu entwickeln. Geben Sie Ihrem Kind durch Ihre Haltung und Ihre Worte allen Anlaß, Sie lieben und schätzen zu können, und achten Sie dann darauf, daß in Ihrer Familie eine respektvolle Ausdrucksweise vorherrscht.

Eine dritte Regel: *„Werde nicht handgreiflich. Sage dem anderen, was dich stört – nicht mit Fäusten, sondern mit Worten!“* Es ist bedrohlich zu sehen, wie Jugendliche in unserer Gesellschaft ihre Meinungsverschiedenheiten immer häufiger mit Fäusten statt mit Worten austragen, weil sie es nicht anders gelernt haben. Sich im Gespräch auseinanderzusetzen lernt man vor allem in der Familie und im vertrauten Freundeskreis.

Es ist ein Drama, daß immer mehr Eltern ihre kleinen Kinder in der frühen, sehr prägenden Lebensphase vernachlässigen. Kinder, die abgeschoben oder stundenlang vor dem Fernsehgerät „geparkt“ werden, hinken ihrem

Alter in der Sprachfähigkeit hinterher. Wenn sie merken, daß sie mit ihrer zurückgebliebenen Ausdrucksfähigkeit nicht weiterkommen, konzentrieren sie sich auf kürzere und deftigere Floskeln, mit denen sie mehr Aufmerksamkeit und Betroffenheit erzielen. Sie greifen auf unvollständige Sätze oder Wörter der Fäkaliensprache zurück, oft ohne zu wissen, was diese überhaupt bedeuten. Der Schritt von der sprachlichen zur körperlichen Gewalt ist dann nicht mehr weit!

Schon im Sandkasten erweist es sich für die Kleinen als erfolgreicher, dem anderen mit der Schaufel eins auf den Arm zu geben und sich dessen Eimer zu schnappen, als ihn darum zu bitten oder womöglich die eigene Backform zum Tausch anzubieten. Aber genau diese Umgangsformen müssen Eltern geduldig und beständig mit ihren Kindern einüben.

Während viele Eltern bei Bagatellstreitigkeiten gleich zur Stelle sind, sehen sie bei ernsthaften oder eskalierenden Konflikten zu häufig weg. Doch gerade, wenn Kinder sich nicht mehr mit Worten einigen können, werden wir Eltern als „Friedensrichter" gebraucht, bevor die Sprache der Fäuste benutzt wird.

Wenn wir unsere Kinder schulen, Konflikte möglichst mit Worten zu lösen, heißt das nicht, daß sie sich nicht wehren oder andere verteidigen dürften. Die Umgangsformen auf Spielplätzen und Schulhöfen sind so hart und brutal geworden, daß ein Kind sehr wohl lernen muß, sich effektiv zu verteidigen und aus einer bedrohlichen Situation zurückzuziehen.

Eine letzte Familienregel: *„Laß deinen Ärger nicht an Unschuldigen aus!"* Auch Kinder haben die Tendenz, ihre Wut am Schwächsten auszulassen; manchmal haben sie eine regelrechte „Hackordnung". Eltern können das durchschauen und unterbinden.

Eines Abends vor dem Zubettgehen packt Tabitha die

Stofftiere ihres Bruders und warf sie in ihrem gemeinsamen Zimmer herum. Früher hätte ich spontan so reagiert: „Laß das sofort sein! Du kannst doch nicht Daniels Tiere herumschmeißen!“ Glücklicherweise habe ich inzwischen dazugelernt und sagte deshalb: „Du bist wohl ganz schön sauer?“

Sie: „Jaaa!“

Ich: „Magst du's mir erzählen?“

Sie (nach einer Pause): „Du, Papa, weißt du, ich bin deshalb so sauer, weil meine Freundin schon viel früher abgeholt wurde, als ich gedacht habe. Wir konnten unser Spiel nicht fertig machen. Ihr Vater ist schon um halb fünf gekommen, und ich dachte, er holt sie erst um sechs ab.“

Das war also der Grund! Der Ärger rumorte immer noch in ihr; trotzdem war es nicht richtig, ihn am kleinen Bruder auszulassen. Aber ich ließ ihr etwas Zeit und nahm dann beim Zubettgehen den kleinen Affen zur Hand, den ich manchmal Geschichten erzählen lasse.

Affe: „Du bist immer noch stinkesauer, gell?“

Sie: „Ja, richtig stinkesauer!“

Affe: „Also, komm, wir beide hau'n jetzt mal so richtig fest aufs Kissen!“

Der Affe und meine Tochter trommelten eine Weile aufs Kopfkissen.

Affe: „Na, wie geht's dir jetzt?“

Sie: „Ach, schon viel besser.“

(Pause)

Affe: „Sag mal, war es eigentlich richtig, deinen Ärger am Daniel auszulassen, hmm?“

Sie: „Nein, ich hab's schon eingesehen. Aber ich wußte nicht wohin mit meiner Wut. Ich räume die Sachen morgen alle wieder schön auf.“

Gefühle körperlich abreagieren!

Das letzte Beispiel zeigt, daß manche Kinder die mit den Gefühlen angestaute Energie regelrecht loswerden müssen. Oft wissen sie nicht, wohin mit ihrer Wut. Wenn ihre Eltern ihnen keine konstruktiven oder zumindest harmlosen Möglichkeiten erlauben oder zeigen, Dampf abzulassen, wählen Kinder oft zerstörerische Methoden.

Auf ein Kopfkissen zu schlagen ist eine Möglichkeit, sich abzureagieren. Ich weiß von einer Mutter, die für solche Fälle eine alte Holzbohle bereitliegen hat: Dort kann ihr Kind seinen Frust „umsetzen“, indem es Nägel hineinschlägt. Eine andere Familie hat für solche Fälle Boxhandschuhe und einen Punchingball im Keller hängen. Andere haben gute Erfolge, indem sie ihre Kinder Einkaufskartons (entsorgungsgerecht für den Container) zertreten oder Zeitungspapier zerreißen lassen.

Unsere gesamte Lebensweise ist sehr bewegungsarm geworden, und Kinder haben gerade in beengten Wohnverhältnissen ohnehin wenig Möglichkeit, innere Spannungen in Bewegung umzusetzen. Damit sie sich nicht in schlechter Laune und Aggressionen Luft machen, brauchen sie aber genügend Bewegung.

Eine unserer älteren Töchter wohnte mit ihrem Mann und drei kleinen Kindern in den ersten Familienjahren in einer kleinen Mietwohnung. Für den Bewegungsdrang ihrer beiden Ältesten war da kaum Platz, ein ganzer Tag in der Wohnung war einfach nicht auszuhalten. Täglich zog sie bei jedem Wetter mit ihrer kleinen Karawane einige Stunden auf den Spielplatz. Das war ganz schön aufwendig, denn der Haushalt erledigt sich ja auch nicht von allein. Nach ihrem Umzug in ein kleines Häuschen auf dem Dorf jubelte sie: „Die Kinder sind wie ausgewechselt. So ausgeglichen und kooperativ habe ich sie noch nicht erlebt!“ Was für ein Unterschied, wenn man nur die Terrassentür aufzumachen braucht und die Kinder in den geschützten Garten stürmen können. So etwas bräuchte eigentlich jede Familie!

Wir haben eine Kletterstange in einen Türrahmen montiert und ein Trampolin aufgestellt. Eine Zeitlang hatten wir eine regelrechte Tobe-Ecke mit Matratze und Schaumstoffwürfeln zum Springen, Werfen und Klettern. So können Kinder selbst an regnerischen Tagen ihre körperlichen und seelischen Spannungen abreagieren.

Eine Mutter machte sehr gute Erfahrungen damit, ihren Dreijährigen malen zu lassen, wie er sich fühlte. Als er sich gerade wieder einmal wie gewohnt zu Boden schmeißen und sein Protestgeheul anstimmen wollte, schob sie ihm ein großes Blatt Papier und einige Stifte zu: „Hier, zeig mir, wie wütend du bist. Mal mir ein Bild, so wie du dich fühlst.“ Sofort begann er, ärgerlich dicke

Kreise zu ziehen. Er hob das Blatt hoch: „Guck, so wütend bin ich!“ Sie sagte: „Mann, wirklich wütend!“ und gab ihm noch ein Blatt, das er eifrig bearbeitete. Nach dem vierten Blatt wurde er ruhiger. Er schaute es sich lange an und sagte schließlich: „Jetzt zeige ich dir, wie gut ich mich fühle.“ Flink zeichnete er einen Kreis mit zwei Augen und einem lächelnden Mund.

Gefühle malen ist sicherlich keine Patentlösung für alle Kinder und alle Situationen. Es wird genügend Kinder geben, die das angebotene Blatt Papier in die Ecke feuern, aber vielleicht klappt es ja bei Ihrem Kind! Probieren Sie einfach aus, welche Aktivität Ihrem Sprößling hilft, bei quälenden Gefühlen Erleichterung zu finden. Sich körperlich abzureagieren mindert jedoch lediglich die innere Spannung, ohne das eigentliche Problem zu lösen. Es hilft, zur Ruhe zu kommen, um dann miteinander sprechen und seine Gefühle sortieren zu können.

Zur Erinnerung

„Erste Hilfe" für verwirrte Gefühle

Kindern helfen, *mit* Gefühlen zu leben, nicht *dagegen!*

1. Gefühle akzeptieren!

Anstatt Gefühle herunterzuspielen oder zu leugnen, Gefühle einfach akzeptieren.

2. Gefühle nachempfinden!

Aufmerksam zuhören und in „die Schuhe" eines Kindes schlüpfen, um die Umwelt mit seinen Augen wahrzunehmen.

3. Gefühle benennen!

Kinder wissen oft gar nicht, warum sie so empfinden. Versuchen Sie, dem Gefühl einen Namen zu geben. Dann kann es besser erfaßt und ausgedrückt werden.

4. Gefühle zum Ausdruck bringen!

Zeigen Eltern ihren Kindern keine angemessenen Möglichkeiten, Gefühle abzureagieren, dann suchen sich Kinder oft zerstörerische Mittel. Hier sind einige angemessene Möglichkeiten:

- ▷ über Gefühle sprechen
- ▷ fröhlich und albern sein
- ▷ weinen
- ▷ beten
- ▷ schimpfen und ärgerlich sein
- ▷ sich körperlich abreagieren

(Kopieren Sie sich diese Seite und hängen Sie sie zur Erinnerung an einen gut sichtbaren Ort, etwa den Badezimmerspiegel oder die Kühlschranktür.)

Muß ich mir alles gefallen lassen?

Gefühlsäußerungen Grenzen setzen

„Muß ich denn alle Gefühle meines Kindes akzeptieren und mir gefallen lassen, daß es seine Emotionen an mir ausläßt? Ist das nicht zu nachlässig? Muß mein Kind nicht auch lernen, sich zu beherrschen?“ Auf unseren Seminaren über den Umgang mit Gefühlen hören wir diesen Einwand häufig. Vielleicht haben Sie sich das beim Lesen ja auch schon gefragt.

Damit wir uns richtig verstehen: Natürlich brauchen auch Gefühlsäußerungen ihre Grenzen. Ein kleines Kind kann sich darin völlig verlieren, weil es sie nicht selbst begrenzen kann. Bildlich gesprochen bleibt sein „Gefühlsrad“ (siehe S. 21) stecken. Denken Sie nur an ein übermüdetes Kleinkind, das nicht einschlafen will. Seine Eltern können ihm helfen, indem sie seinem Verhalten klare Grenzen setzen und zum Beispiel mit Bestimmtheit sagen: „Du, ich verstehe, wie dir zumute ist, aber jetzt ist Schluß!“ So wird das Empfinden des Kindes zwar ernstgenommen, aber das daraus entstehende Verhalten gleichzeitig in die richtigen Bahnen gelenkt.

Ein weiteres Beispiel: Ihre Tochter malt mit der Gabel Muster in die Butter, aber Sie möchten das nicht. Benennen Sie zuerst das Gefühl Ihrer Tochter: „Ich sehe, es macht dir Spaß, mit der Gabel Muster zu ritzen." Das heißt allerdings nicht, daß Sie das Verhalten nun dulden müßten. Während Sie die Butter wegstellen, sagen Sie dem kleinen Künstler: „Butter ist nicht zum Spielen da. Versuch es doch nachher mal mit Knete. Damit geht es genau so gut."

Dabei werden Sie eins feststellen: Wenn Sie die Gefühle Ihres Kindes ernstnehmen und benennen, wird es eher bereit sein, die gesetzten Grenzen zu akzeptieren und einzuhalten!

Worin muß es denn nun lernen, sich zu „beherrschen"? Etwa im Empfinden und Äußern von Gefühlen? Nein, denn dazu wollen wir es ja gerade ermutigen. Es kommt nur darauf an, zu lernen, seine Gefühle angemessen auszudrücken und nicht außer Kontrolle geraten zu lassen. Je mehr angemessene Möglichkeiten es dazu kennenlernt hat, desto weniger ist es auf destruktive Wege angewiesen.

Manchen Eltern fällt es schwer, bei diesem Lernprozeß konsequent zu bleiben. Es ist ja auch nicht einfach, wenn man spürt, daß ein Kind durch Gefühle (zum Beispiel Tränen oder wütendes Geschrei) manipulieren will. Wenn es Ihnen auch so geht, dann malen Sie sich vor Augen: Die Bedeutung von Grenzen besteht darin, daß ein Kind die Kontrolle über seine Impulse – also Selbstbeherrschung – lernt. Mit diesem Wissen wird es Ihnen leichter fallen, einerseits Gefühle ernstzunehmen und zu benennen, jedoch andererseits mit gutem Gewissen konsequent zu bleiben.

Die Wut bändigen lernen!

Immer häufiger begegnen uns Eltern und Erzieher, die bei Wutausbrüchen ihrer Kinder ziemlich hilflos sind.

Bei einem Kleinkind kann es richtig sein, es fest im Arm zu halten, es zu wiegen und beruhigende Worte zu sprechen – auch wenn es sich vielleicht zunächst dagegen wehrt – so lange, bis es besänftigt ist. Das ist allemal besser, als es sich über einen längeren Zeitraum auf dem Teppich austoben oder es gar Gegenstände zerstören zu lassen. Während eines Wutanfalls ist ein Kind ohnehin kaum ansprechbar. Es braucht Hilfe, um wieder zur Ruhe zu kommen.

Bei einem etwas älteren Kind kann die sogenannte „Schildkrötentechnik“ helfen, die innere Wut zu bändigen, vorausgesetzt, es ist kooperativ. Denn manchmal leidet ein Kind selbst unter seinen Wutausbrüchen und will sie selbst gar nicht.

Mit dieser Methode konnte der Therapeut L. E. Shapiro[4] dem siebenjährigen Sam helfen, der für tägliche Streitereien auf dem Spielplatz bekannt war. Er sagte ihm, wenn die Wut über ihn käme und er Lust habe zu kämpfen, solle er sich einfach vorstellen, er sei eine Schildkröte, die sich in ihren Panzer zurückzieht. Er solle seine Arme an den Seiten lassen, seine Füße zusammenstellen und sein Kinn bis an den Hals hinunterdrücken. In dieser Haltung solle er langsam bis zehn zählen und bei jeder Zahl tief einatmen.

Diese Technik ist einfach und macht Kindern sogar Spaß. Dahinter steckt folgende psychologische Wirkung: Solange Sams Arme und Beine zusammengepreßt waren, konnte er weder schlagen noch treten. Während er langsam bis zehn zählte und dabei tief einatmete, erhielt sein Gehirn die Botschaft, die Produktion der biochemischen Stoffe zu verlangsamen, die seine Erregung und Kampfbereitschaft verstärkten. Wenn er sein Kinn auf die Brust senkt, muß er gezwungenermaßen den Blickkontakt zu seinem potentiellen Gegner abbrechen. Dadurch verschwand der Wille, zu kämpfen (es ist praktisch unmöglich, mit jemandem zu kämpfen, den man nicht sieht).

Dies ist eine Möglichkeit, die emotionalen und sozialen Fähigkeiten eines aggressiven Kindes zu schulen. Bevor es im Ernstfall aber tatsächlich klappt, sind vorher einige „Trockenübungen" nötig. Aber Techniken allein reichen niemals aus – natürlich muß auch das gesamte soziale Umfeld durchleuchtet werden.

Den Konflikt auswerten

Es ist wenig erfolgreich, einem Kind gerade dann Vorhaltungen zu machen oder Regeln fürs Zusammenleben zu erklären, wenn es innerlich aufgewühlt ist. Wenn die Gefühle am Brodeln sind, möchte sich das Kind verstanden fühlen. Jeder der Beteiligten braucht Zeit, mit seinen Empfindungen klarzukommen. Aber einige Stunden oder Tage später, wenn Sie sich wieder gut verstehen und der „Klient" entspannt wirkt, sollte der Konflikt noch einmal ausgewertet werden.

Je nach Alter des Kindes und Art des Konfliktes könnten folgende Fragen durchgesprochen werden:

- ▷ „Was war der Auslöser für dein ‚Ausrasten'?"
- ▷ Wenn Sie als Eltern beteiligt waren: „Hätte eine andere Reaktion von mir dir besser geholfen?"
- ▷ „Kannst du dir erklären, warum deine Freundin sich so komisch verhalten hat?"
- ▷ „Wie hättest du deine Gefühle besser ausdrücken (abreagieren) können?"
- ▷ „Weißt du, in welchen Punkten du vielleicht selbst Mist gebaut hast?"
- ▷ „Bist du bereit, dich zu versöhnen?"

Kinder sind oft erstaunlich einsichtig und bereit, sich zu ändern, wenn sie spüren, daß ihre Eltern ihnen wirklich helfen wollen. Als unsere Kinder jeweils etwa acht Jahre alt waren, sprachen wir mit ihnen über die unterschiedlichen Persönlichkeitstypen und Temperamentsanteile. Das war sehr aufschlußreich. Unser etwas cholerischer Sohn erkannte erleichtert, daß es nicht immer „Sünde" war, wenn er seine Gefühle etwas heftiger zum Ausdruck brachte als die anderen Geschwister, sondern daß diese Eigenschaft zu seiner Persönlichkeit gehörte, die er zu „heiligen" hatte. Er wollte unbedingt hören, wie er und andere mit seinem Typ besser klarkommen könnten.

Hinter aufgebrachten Gefühlen verstecken sich oft enttäuschte Erwartungen. Bevor Eltern das Verhalten des Kindes korrigieren, kann es hilfreich sein, gemeinsam die Wurzeln der negativen Empfindungen aufzudecken. Das Kind sieht vielleicht nur einzelne Puzzleteile – Eltern können helfen, einen Blick für das ganze Bild und auch die Situation der anderen zu bekommen.

Dazu ein Beispiel einer befreundeten Familie: Die Großeltern waren extra gekommen, um den Eltern ein „Wochenende zu zweit" zu ermöglichen. Diese wußten ihre beiden Kinder in guten Händen und genossen die Zeit. Als sie die Kinder nach der Rückkehr fragten, wie das Wochenende verlaufen war, erwiderte doch die Ältere: „Ach, das war echt langweilig." Überrascht, weil sie wußten, daß die Großeltern sich immer viel Mühe gaben, bohrten sie weiter: „Es hat euch also nicht gefallen?"

„Nee, nicht ganz so gut – wir sind zwar ins Schwimmbad gegangen, aber der Opa ist nicht mit uns die große Rutsche runtergesaust. Er hat immer nur unten gestanden und zugeschaut. Das fand ich ganz blöd von ihm."

Gerade wollte die Mutter ihre Kinder mit der Bemerkung zurechtweisen: „Kommt, seid nicht so undankbar. Immerhin ist der Opa doch mit euch schwimmen gegangen", da besann sie sich darauf, was sie im Seminar gelernt hatte, und sagte statt dessen: „Ihr wart also enttäuscht, daß der Opa nicht mit euch die Rutsche runtergesaust ist."

„Ja, der Papa rutscht immer mit uns zusammen da runter und wartet nicht einfach unten auf uns", meldete sich diesmal die Jüngere zu Wort.

Nach einiger Zeit sprachen sie mit den Kindern noch einmal über den Besuch der Großeltern und wandten sich der Ursache der Unzufriedenheit zu: „Sagt mal, kann man von einem 65 Jahre alten Opa erwarten, daß er sich mit seinen alten Knochen auf den Turm mit der Rutsche wagt und die vielen Kurven runtersaust?"

„Nee, Papa, du hast recht. Eigentlich nicht." Im nachhinein ging den Kindern auf, wie unrealistisch ihre Erwartung war und daß sie eigentlich keinen Grund gehabt hatten, so enttäuscht zu sein.

Noch eine Begebenheit, die zeigt, wie wichtig es ist, dem Kind den Blick für das ganze Bild zu öffnen: Nehmen wir an, Ihre Tochter hat Geburtstag. Sie haben sich viel für die Feier überlegt, sich Spiele ausgedacht, kleine Geschenke ausgesucht, mehrere Kuchen gebacken. Nach und nach treffen all die kleinen Gäste ein. Es gibt einen Riesentrubel. Am Abend sind Sie so richtig geschafft und dankbar, daß alles so gut geklappt hat. Doch auf die Frage: „Sag mal, wie hat dir denn die Feier gefallen?" sagt doch das Geburtstagskind: „Na ja. War nicht so toll!"

Sie fallen aus allen Wolken und vergessen alle Vorsätze, Gefühle zu akzeptieren, nachzuempfinden und zu benennen. „Hast du nicht gesehen, wieviel Mühe ich mir gemacht habe? Du bist echt undankbar!" wollen Sie sich gerade Luft machen. Glücklicherweise steht der Vater daneben, der nicht so gestreßt ist (weil er ja auch nicht beteiligt war), legt tröstend den Arm um seine geschaffte

Frau und bemerkt: „Da hat dich etwas an der Feier wohl sehr enttäuscht."

„Ja, die Anna, die hat dauernd dazwischengeredet und mich immer wieder geärgert."

Nachdem die Ursache für die Enttäuschung herausgefunden ist, können Sie in Ruhe über den ganzen Nachmittag reden: „Wir verstehen, daß dich das genervt hat. Aber schau mal, das war nur *eine* Sache an dem langen Nachmittag. Gab es nicht auch ein paar Dinge, die dir Freude gemacht haben?"

„Na klar gab's die...", und schon sprudelt das Mädchen los. Nachdem ihre Enttäuschung akzeptiert wurde und sie die Ursache benennen konnte, bekommt das Kind wieder einen Blick für das ganze Bild. Und Sie sind auch wieder getröstet.

Verhängnisvolle Fehler

Wie Sie Süchten und Mißbrauch den Weg bahnen!

Süchte haben in unserer Gesellschaft Hochkonjunktur. Seelischer und sexueller Mißbrauch gehören schon fast zur Tagesordnung. Warum können sich manche Kinder dagegen wehren, während andere zu Opfern werden? Experten betonen, daß Eltern ihren Kindern im Zusammenleben vor allem zwei Dinge mitgeben müssen:

- ein gesundes Vertrauen auf die eigenen Emotionen, besonders auf unangenehme, warnende Gefühle!
- ein starkes Selbstwertgefühl, damit sie in brenzligen Situationen „Nein" sagen können!

Kinder, denen das fehlt, sind anfälliger für Süchte, Mißbrauch und Gewalt.

In den vielen alltäglichen Begegnungen werden sie darin gefördert oder gebremst. Versuchen Sie einmal, sich in folgende Situation zu versetzen: Ihr Sohn kommt nach Hause, knallt genervt die Schultasche in die Ecke und stopft schweigend das Mittagessen in sich hinein. Schließlich bekommen Sie heraus, daß er für ein Kurzreferat eine schlechte Note bekommen hat und vor der Klasse auch noch lächerlich gemacht worden ist. „Dabei habe ich mich doch so gut vorbereitet", sagt er enttäuscht.

Darauf gibt es einige verheerende falsche Reaktionen:

„*Ist doch nicht so schlimm. Das nächste Mal klappt es besser!*" (Hier werden Gefühle bagatellisiert, heruntergespielt, seine Enttäuschung als unangemessen hingestellt.)

oder:

„*Ach, du armes Ding! Daß dir auch immer solche Sachen passieren müssen!*" (Dieses übertriebene Mitleid fördert eine „Opfermentalität" und ist damit alles andere als angemessenes Mitgefühl.)

oder:

„*Ich hab's doch gewußt, bei deiner Faulheit konnte auch nicht mehr dabei herauskommen!*"

(Hier wird ein Kind abgeurteilt, Selbstvertrauen zerstört und seine Minderwertigkeitsgefühle werden gefördert.)

Wenn ein Kind sich weh getan hat und zu seinen Eltern läuft, um getröstet zu werden, hört es manchmal: „*Ach, das tut doch gar nicht weh!*" (Hier werden Gefühle für unwahr erklärt und als nicht existent hingestellt.)

Wenn ein Kind von Verwandten oder Freunden gegen seinen Willen umarmt oder abgeküßt wird, bekommt es manchmal zu hören: „*Stell dich nicht so an. Das ist doch dein Onkel!*" (Das Kind wird gezwungen, sich gegen sein Empfinden liebkosen zu lassen.)

Was lösen diese Dialoge aus? Keine der Reaktionen akzeptiert die Gefühle des Kindes als Teil seiner ihm eigenen Persönlichkeit und nimmt sie ernst. Statt dessen werden ihm seine natürlichen Empfindungen sogar noch ausgeredet. Darüber hinaus wird es in seinem Selbstwertgefühl erniedrigt.

Können Sie sich vorstellen, was passiert, wenn ein Kind in seiner Familie jahrelang solche Aussagen zu hören bekommt? Kindliche Empfindungen ständig zu leugnen, zu unterdrücken und dabei noch das Selbstvertrauen zerstört zu bekommen, hat verheerende Folgen für die Psyche eines jungen Menschen. Kinder betrachten Erwachsene – besonders ihre Eltern – als Autoritätspersonen, im Zweifelsfall halten sie daher ihre eigenen Gefühle und Wahrnehmungen für falsch. Doch Kinder, die ihren Gefühlen nicht trauen können und kein Selbstwertgefühl entwickelt haben, geraten leichter in alle Formen von Sucht und Mißbrauch hinein als andere.

Das gilt besonders bei sexuellem Mißbrauch – denn was spielt sich dabei zwischen Täter und Opfer ab? Das Kind spürt instinktiv, daß das, was da abläuft, nicht gut ist. Doch weil es nie gelernt hat, seinen eigenen Wahrnehmungen zu trauen und ein angeschlagenes Selbstwertgefühl hat, traut es sich nicht, „Nein“ zu sagen. Da die mißbrauchende Person meistens auch Vertrauens- oder Autoritätsperson ist, meint das Kind schließlich, der Mißbraucher tue etwas „Richtiges“, also Erlaubtes.

„Sag nein zu Drogen!“ heißt es auf einem Aktionsplakat. Um Süchten und Mißbrauch widerstehen zu können, muß jedes Kind unbedingt angeleitet werden, seinen Gefühlen zu vertrauen und ein gesundes Selbstwertgefühl aufzubauen. (Hilfen zum Aufbau eines gesunden Selbstwertgefühls finden Sie in „Das große Familienhandbuch“ von C. & E. Mühlan, Schulte & Gerth, S. 70ff u. 102ff.)

Noch einmal zurück zu unserem Beispiel mit dem mißglückten Referat. Wie kann man in dieser Situation angemessen reagieren?

Sicher können Sie es sich schon denken: zuerst die Enttäuschung des Kindes akzeptieren und nachempfinden.

Bei den oben genannten Dialogen wurde das nämlich vergessen. Sie können ohne große Worte Anteil nehmen: ein aufmunternder Blick, eine liebevolle Berührung, und dem Kind dann helfen, seine Empfindungen zu benennen und angemessen zum Ausdruck zu bringen. Ihre Bemerkung: *„Das hat dich wirklich enttäuscht und verletzt!"*, kann der Auslöser sein, daß das Kind über seine Empfindungen sprechen möchte. Der Vorschlag, erst einmal eine Runde Fußball zu spielen oder mit dem Fahrrad durch die Gegend zu rasen, kann ihm helfen, den Frust abzureagieren. Später können Sie die Situation noch einmal auswerten und den Blick für das ganze Bild weiten. Etwa so: *„Ich verstehe, daß du so niedergeschlagen bist, gerade weil du extra viel geübt hast. Aber du hast ja nicht nur für dieses Referat geübt, der Stoff kommt ja noch in der großen Arbeit vor. Diese eine schlechte Note wird durch die anderen Zensuren aufgefangen. Übrigens, ich habe dich immer lieb, ganz gleich, mit welcher Zensur du nach Hause kommst. Ich bin stolz auf dich, daß du so eigenständig gearbeitet hast!"*

Es wäre großartig, wenn Sie jetzt noch miteinander beten könnten, die Enttäuschung und Verletzung bei Gott abgeben und den betreffenden Personen vergeben könnten.

Nicht immer werden Sie gleich so einfühlsame, treffende und aufmunternde Worte finden. Es wird immer mal wieder vorkommen, daß Sie falsch reagieren und Ihrem Kind weh tun. Doch solange daraus kein regelmäßiges Reaktionsmuster wird, sondern Sie sich wieder versöhnen können, brauchen Sie sich keine Sorgen zu machen, daß Ihr Kind seelischen Schaden nimmt. Beten Sie täglich für Ihr Kind, segnen Sie es, und bitten Sie Gott, daß er Ihnen mehr und mehr hilft, Ihrem Kind Ihre Liebe und Wertschätzung ungekünstelt zu zeigen.

Teenager – voll gut drauf und total fertig!

Das Gefühlsbarometer steht auf Sturm

Wenn ein Titel zu pubertierenden Teenagern paßt, dann der dieses Buches: Eben ist ein Teenie noch „voll gut drauf", und im nächsten Moment – man weiß gar nicht, was man falsch gemacht haben könnte – ist er „total fertig".

Eltern müssen wissen, daß diese emotionalen Schwankungen zu erwarten sind, wenn ihr Kind in die Pubertät stolpert: Bei Mädchen liegt der Beginn heutzutage ungefähr bei 10 Jahren und das Ende bei 17 Jahren, Jungen sind etwa zwischen 12 und 19 Jahren in der Pubertät.

Eltern denken bei Pubertät häufig nur an körperliche Veränderungen und übersehen dabei leicht, daß dieselben Hormone, die z. B. das Längenwachstum und die Entwicklung der Geschlechtsorgane bewirken, auch seelische Veränderungen auslösen. Zum Beispiel:

- Stimmungsschwankungen
- Unsicherheit
- Zweifel
- Freiheitsdrang

Für manche Eltern ist es schwer nachvollziehbar, wenn das schmusige Plappermäulchen sich plötzlich in distanziertes Schweigen hüllt oder in einem Satz noch scherzt, aber beim nächsten heult. Ständig stellt es kritische Fragen, erledigt Aufgaben nur mürrisch oder motzt regelrecht auf.

Gerade bei ihrem ersten Teenager fällt es den Eltern schwer, mit der Unberechenbarkeit umzugehen. Typisch falsche und hilflose Reaktionen sind dann:

- Ironisch herablassend reagieren: „*Du hast wohl deine Launen. Da wirst du schon drüber weg kommen.*"
- Dem Kind den Mund verbieten und überstreng reagieren: „*Keine Widerrede. Du tust, was ich sage!*"
- Unbeherrscht zurückpoltern: „*Halt die Klappe. Du bist wohl total verrückt geworden!*"

Wenn Eltern ihre Kinder in dieser sensiblen seelischen Phase herablassend oder erniedrigend behandeln, spitzen sich die Auseinandersetzungen entweder weiter zu oder das Kind zieht sich schließlich ganz von seinen Eltern zurück. Schade, denn die Teenagerjahre können auch schön sein, nicht nur aufreibend.

Der bekannte Autor Ross Campbell[5] betont, daß Teenager, die Probleme haben und den Menschen in ihrer Umgebung Probleme bereiten, durchweg das Gefühl haben, von den Eltern nicht geliebt oder ernstgenommen zu werden.

So sehr Eltern auch beteuern mögen: „Aber ich liebe mein Kind aufrichtig . . .!" – was ja durchaus zutreffen mag – für den Heranwachsenden zählt nur sein subjektives Empfinden. Deshalb müssen Eltern Wege und Ausdrucksformen suchen, die sicherstellen, daß ihre Liebe auch wirklich ankommt.

Die meisten Teenager diskutieren mit ihren Eltern engagiert über Familienregeln, Ausgehzeiten, Taschengeld usw., und nicht selten endet eine solche Diskussion in Streit und Zoff. Das ist ganz natürlich, denn sowohl Eltern als auch Teenies müssen sich erst an die neue Lebensphase gewöhnen und sich aneinander reiben, bis sie einen neuen Stil gefunden haben. Statt ahnungslos in diesen Lebensabschnitt hineinzustolpern, sollten sich Eltern darauf vorbereiten.[6]

Gerade in der Zeit hormonell bedingter Gefühlsschwankungen ist es enorm wichtig, den Teenager mit seinen Stimmungen ernstzunehmen und ihm durch das Akzeptieren und Nachempfinden seiner widerstreitenden Gefühle eine „Komme-was-da-wolle-Liebe" zu zeigen.

Daß ein Teenie, der schon in der Vorpubertät gelernt hat, seine Gefühlspalette bewußt wahrzunehmen und in angemessene Worte zu kleiden, anders durch diese emotional „kritischen" Jahre kommt als ein Teenager, der von seinen Gefühlen regelrecht überrannt wird, liegt auf der Hand.

Eltern, die schon mit ihren jüngeren Kindern bewußt den ausgewogenen Umgang mit Gefühlen thematisieren, können, was emotionale Turbulenzen angeht, relativ gelassen auf die Teenagerjahre schauen.

Als unsere ersten Kinder in die Pubertät kamen, konnte ich mit ihren emotionalen Schwankungen nicht besonders gut umgehen. Je nach Typ gab es kräftigen Streit oder das Kind zog sich von mir zurück. Glücklicherweise habe ich dazu gelernt und konnte dann auf meine Tochter, die vor wenigen Jahren in die Pubertät kam, ganz anders eingehen. Ihre teilweise heftigen Gefühlsschwankungen, patzigen und eingeschnappten Reaktionen federte ich viel besser ab. Früher nahm ich so etwas sehr persönlich und reagierte entsprechend gereizt. Da ich inzwischen kapiert habe, daß emotionale Ausbrüche meist nicht persönlich gemeint, sondern hormonell bedingt sind, kann ich auch besonnener reagieren und antworten: „Ich kann nachvollziehen, daß dich das alles aufregt. Trotzdem, bemüh dich, uns nicht fertigzumachen." Hat ein Teenie in den Jahren zuvor auch noch gelernt, seinem Ärger in „Ich-Botschaften" Luft zu machen, kommen Eltern und Geschwister ohnehin besser damit zurecht.

Manchmal hockte meine Tochter jammernd im Wohnzimmer und sagte immerfort: „Ich weiß nicht, was mit mir los ist. Ich weiß nicht, was mit mir los ist!" Nur gut, wenn ein Teenie das nicht allein und einsam mit sich in seinem Zimmer ausmachen muß, sondern sich in so einer deprimierten Stimmung zu seinen Eltern flüchten kann. Wie oft habe ich sie einfach in den Arm genommen, ihr meine Wertschätzung zum Ausdruck gebracht und ihr erklärt, daß die hormonellen Veränderungen in der Pubertät Kinder ganz schön ins Trudeln bringen können. Das muß einem Teenager immer wieder erklärt werden. Er muß wissen, daß die hormonelle Umstellung diese Stimmungsschwankungen auslöst, ja daß auch depressive Stimmungen aufkommen können.

Vielleicht haben Sie einen Teenager und konnten die vergangenen Jahre nicht nutzen, um miteinander einen ausgewogenen Umgang mit Gefühlen einzuüben. Doch auch jetzt ist es noch nicht zu spät. Im Vergleich zu jüngeren Kindern hat ein Teenager eine schnellere Auffassungsgabe. Außerdem können Sie jetzt mit ihm auf einer höheren intellektuellen Ebene argumentieren. Allerdings muß er kooperativ und motiviert sein. Arbeiten Sie mit ihm dieses Buch durch und setzen Sie die praktischen Anregungen und Übungen gemeinsam um. Was ein jüngeres Kind unbewußt im Laufe der Jahre lernt, kann ein motivierter junger Erwachsener mit bewußten Lernschritten fast wieder aufholen. Einem unwilligen Teenager können Sie dieses Programm jedoch nicht einfach überstülpen.

Anmachen, Abzocken, Plattmachen!

Der Umgang unter Teenagern ist immer rauher und gewalttätiger geworden. Mobbing, Rempeleien und Beschimpfungen bestimmen inzwischen den Schulalltag. Etwa 55 % aller Teens haben Angst vor Gewalt. Bei einer Umfrage landete die Angst vor Gewalt direkt hinter der Angst um die berufliche Zukunft, und diese ist leider nicht ganz unbegründet. Viele erleben Gewalt auf dem Schulweg oder in der Schule. Das muß nicht immer gleich eine Schlägerei sein. Auch seelische Gewalt kann sehr verletzen. Das rauhe Klima färbt auch auf Familien ab.

Ein Anti-Gewalt-Programm

Inzwischen wurden einige Konfliktlösungsprogramme erarbeitet, die Kinder darin schulen, untereinander als „Friedensstifter" zu agieren, um gewalttätigen Streit zu vermeiden. Das funktioniert sowohl im Klassenverband als auch in der Familie. Bevor es im Ernstfall funktionieren kann, wird es zunächst in Rollenspielen eingeübt. Wenn es in Ihrer Familie öfter „funkt", lohnt es sich, sich dieses Muster zu eigen zu machen.

Durch folgende Schritte lernen Kinder zu verhandeln, statt zu kämpfen. Voraussetzung ist, daß die Kontrahenten bereit sind, gemeinsam an der Lösung des Konfliktes zu arbeiten.

- Die Kinder sitzen einander gegenüber. Sie erklären sich damit einverstanden, die Meinung des anderen zu akzeptieren und ihn nicht zu beschimpfen oder zu demütigen.
- Jeder legt seinen Standpunkt dar (das kann auch schriftlich geschehen) und hört sich den Standpunkt des anderen an.

- Unter Anleitung des „Schlichters“ tragen die Kontrahenten verschiedene Lösungsmöglichkeiten zusammen (wichtig ist, daß keiner als Verlierer dasteht, es sein denn, einer sieht seinen Fehler ein).
- Danach bewerten sie jede Option und suchen nach einem für beide zufriedenstellenden Ergebnis.
- Schließlich erarbeiten die Kinder eine Übereinkunft oder einen Handlungsplan, um die beste Lösung umzusetzen. (Dies kann in ein Schlichtungsformular eingetragen werden, das beide „Parteien“ unterschreiben.)
- Dann wird ein Termin für ein Nachtreffen vereinbart. Das dient als Check, ob die Lösung auch umgesetzt wurde und ob es noch Probleme gibt.

Das Konfliktlösungsprogramm ist anspruchsvoll, aber wirksam. Es nimmt die Beteiligten ernst und achtet ihre Empfindungen. In der Regel schaffen es zwei Kontrahenten jedoch nicht ohne Beistand eines Dritten. Gleichaltrige eignen sich zur Vermittlung oft besser als Erwachsene. Solche „Peer-Vermittler“ (peer = Gleichrangiger, Kamerad) setzen meist viel effektiver durch, daß die Kontrahenten sich an die Regeln halten und zu einer Übereinkunft finden. Erstaunlicherweise hat sich gezeigt, daß gerade Jugendliche, die sich zuvor schlecht beherrschen konnten und häufig Ärger bekamen, äußerst effektive Vermittler wurden. Durch diese Aufgabe verbesserte sich ganz nebenbei auch ihr eigenes Verhalten deutlich.

Ermutigen Sie Ihr Kind, sich zum „Streitschlichter“ ausbilden zu lassen, wenn diese Möglichkeit in der Schule angeboten wird. Schließlich hat Jesus uns aufgetragen, „Friedensstifter“ (Matthäus 5,9) zu sein.

Das „Bleib ruhig"-Spiel

Wie lernt ein ohnehin temperamentvolles Kind seine aufkommende Wut in Zaum zu halten, wenn es geärgert wird? Die Kontrolle der eigenen Wut steht unter den emotionalen Problemen Jugendlicher an oberster Stelle.

Wenn die Emotionen erst einmal toben, nützen Appelle an die Vernunft nichts mehr! Haben Sie schon einmal versucht, jemandem, der Flugangst hat, zu erklären, Fliegen sei sicherer als Auto fahren? Dann wissen Sie, daß es nicht klappt!

L. E. Shapiro behauptet: „Um Kindern bei der emotionalen Kontrolle zu helfen, müssen wir Feuer mit Feuer bekämpfen, auf Gefühlen basierende Lösungen für emotionale Probleme anbieten. Wir müssen das emotionale Gehirn ebenso wie das denkende trainieren."[7]

Um Kinder gegen gewaltsame Konflikte zu wappnen, setzt er ein hitziges „Bleib-ruhig" Spiel ein, eine Variante von Mikado. Bei Mikado nimmt der Spieler einen Stab aus dem Stapel, ohne einen anderen dabei bewegen zu dürfen. Er darf so lange Stäbe sammeln, bis einer im Stapel wackelt. Dann ist der nächste Spieler dran. Ein einfaches Spiel, das Konzentration und feinmotorische Koordination erfordert. Doch beim „Bleib-ruhig"-Mikado-Spiel, das emotionale Selbstbeherrschung trainieren soll, darf der Mitspieler den Spieler auf jede erdenkliche Art ärgern (außer ihn berühren), während er versucht, Stäbe aufzuheben.

Das kann so aussehen, daß der Kontrahent dem Spieler ins Ohr schreit, Witze macht oder ihn erbärmlich beschimpft. „Bleib ruhig, konzentrier dich", wird der Spieler sich zusprechen, „nimm einen Stab auf und dann den anderen. Achte auf nichts anderes als auf das, was vor dir liegt."

Es reicht nicht aus, mit Kindern über ihre möglichen Reaktionen auf Ärger zu sprechen; sie müssen richtig trainieren, ihre aufkommende Wut zu kontrollieren, wenn sie geärgert werden.

Solche Szenen auf Video aufzunehmen und sie sich hinterher anzuschauen, ist eine besonders wirkungsvolle Methode, emotionale Kontrolle zu verstärken. Hat Ihr Kind erfolgreich mit Selbstbeherrschung auf Provokationen reagiert, lassen Sie es sich anschließend seine coole Reaktion auf dem Bildschirm ansehen. So bekommt es einen positiven, visuellen Eindruck davon, wie es aussieht, wenn man seine Emotionen erfolgreich kontrolliert.

Anteilnehmen an den Gefühlen anderer

Genauso wichtig wie die Fähigkeit, seine eigenen Gefühle zu erkennen und konstruktiv auszudrücken, ist es, sich in andere hineinversetzen und an ihren Empfindungen Anteil nehmen zu können. Ohne dieses Einfühlungsvermögen (Empathie) ist man schnell isoliert und macht sich unbeliebt. Wissenschaftler fanden heraus, daß unbeliebte Kollegen – ganz in der Art wie Angeber oder streitsüchtige Kinder auf dem Spielplatz vom Spielen ausgeschlossen werden – von ihren Kollegen Ablehnung erfahren.

Anteilnahme ist nicht nur ein wichtiges christliches Gebot; es zahlt sich auch vielfach aus, Kinder Empathie zu lehren. Menschen mit starken empathischen Fähigkeiten sind weniger aggressiv und engagieren sich häufig in sozialen Tätigkeiten, bei denen sie helfen und teilen. Als Resultat sind sie bei Gleichaltrigen und Erwachsenen beliebt, in der Schule und im Beruf erfolgreich. Es überrascht nicht, daß empathische Kinder später in Beziehungen zum Ehepartner, zu Freunden und eigenen Kindern zu mehr Intimität fähig sind.

Empathische Fähigkeiten sind zum Teil persönlichkeitsbedingt: Ein initiativer Beziehungstyp nimmt natürlich eher Anteil an den Gefühlen und Bedürfnissen anderer Menschen als ein sachbezogener Einzelgänger. Doch genau so gut kann der beziehungsorientierte Mensch andere ganz selbstbezogen für seine eigenen Interessen ausnutzen.

In unserer von Ellenbogenmentalität, Egoismus und Hedonismus (Vergötzung des eigenen Lustgewinns) gekennzeichneten Zeit müssen Kinder – egal mit welchem Persönlichkeitstyp – bewußt und gezielt angeleitet werden, nicht nur auf ihre eigenen Bedürfnisse und Gefühle zu achten, sondern auch auf die anderer. Von Natur aus ist jeder Mensch so angelegt, daß er zuerst seine eigenen Bedürfnisse erfüllt sehen will.

Wenn wir uns als christliche Eltern lediglich darauf beschränken, unsere Kinder darin zu schulen, mit ihren eigenen Gefühlen in Frieden zu leben, besteht die Gefahr, daß sie sich zu selbstbezogenen Egoisten entwickeln. Die Fähigkeit, seine eigenen Gefühle wahrzunehmen, muß Hand in Hand damit gehen, auch an den Empfindungen anderer Anteil zu nehmen.

Das wichtigste und effektivste Mittel dabei ist Ihr Vorbild! Verantwortungsbewußte, empathiefähige Eltern legen ein tragfähiges, glaubwürdiges Fundament für ein entsprechendes Training der Kinder. Ohne diese Grundlage sehen die Chancen allerdings schlecht aus. Kinder lernen das, was wir ihnen vorleben, nicht das, was wir ihnen vorpredigen.

Orientieren Sie sich an Jesus, dessen Leben von beispielhafter Empathie gekennzeichnet war! In den Evangelien gibt es zahlreiche Beispiele dafür: die Art, wie er auf die Frau am Jakobsbrunnen einging, die Ehebrecherin in Schutz nahm, sich Kranken und Armen zuwandte. Er faßte die Gesetze des Alten Testaments in einem einzigen Gebot zusammen: *„Liebe Gott, den Herrn, von ganzem Herzen, aus ganzer Seele und mit deinem ganzen Verstand! Das ist das erste und wichtigste Gebot. Ebenso wichtig ist aber das zweite: ‚Liebe deinen Mit-*

menschen, so wie du dich selber liebst!' Alle anderen Gebote und alle Forderungen der Propheten sind in diesen Geboten enthalten" (Matthäus 22, 37–40).

Diese Verse schneiden drei wichtige Gedanken an:

- Ich soll meinen Mitmenschen aufrichtige Anteilnahme entgegenbringen.
- Ich soll mich aber auch selbst lieben, das heißt, meine Bedürfnisse erkennen und erfüllen können!
- Beides gelingt am besten, wenn ich mich der Liebe Gottes öffne, ihn als oberste Instanz über meinem Leben anerkenne, täglich mit ihm lebe und von seiner Liebe zehre (Römer 5,5).

Entdecken Sie neu das Geheimnis und die Kraft der Beziehung zu Gott, und schenken Sie Ihrer Umgebung Liebe und Empathie: Beginnen Sie bei Ihrem Ehepartner und Ihren Kindern, und suchen Sie dann nach Möglichkeiten, dies als Familie umzusetzen, sowohl in der Nachbarschaft als auch in der Kirchengemeinde.

Hier sind noch zwei Familienspiele, die Kindern Spaß machen und ihre empathischen Fähigkeiten schulen:

Gefühle-Pantomime (ab sechs Jahre)

Kopieren (und vergrößern) Sie die Gesichter auf Seite 19 und 20, und schneiden Sie jedes Gesicht aus, so daß Sie 30 Kärtchen haben. Setzen Sie sich in der Familienrunde oder mit den Freunden Ihrer Kinder zusammen und lassen Sie das Jüngste beginnen, indem es sich ein Kärtchen zieht und in maximal drei Minuten wortlos das abgebildete Gefühl vorspielt. Wer das Gefühl richtig errät, behält die Karte und ist als nächster dran. Wer am Ende die meisten Karten besitzt, hat gewonnen.

Das „Ton-aus" Spiel (Alter: sieben bis zwölf Jahre)

„Nehmen sie einen altersgemäßen Spielfilm auf Video auf und führen Sie ihn Ihren Kindern mit abgestelltem Ton vor. Bitten Sie sie, zu beschreiben, wie sich jede Person in dem Video fühlen mag. Halten Sie das Band an, wenn Ihr Kind es möchte, und geben Sie ihm einen Punkt, wenn es die Gefühle beschreiben kann, die sich möglicherweise hinter einem Gesichtsausdruck, einer Geste oder Körperhaltung verbergen. Dann spulen Sie das Band zurück und spielen es noch einmal ab, diesmal mit Ton, so daß Sie die Antworten gemeinsam überprüfen können. Ihr Kind sollte in 15 Minuten 15 Punkte sammeln."[8]

Ich kann nicht aus meiner Haut – der Einfluß des Familienhintergrundes

Es mag sein, daß Sie die Strategie jetzt ganz gut im Kopf haben, und trotzdem fällt es Ihnen schwer, sie anzuwenden. In den spannungsgeladenen Situationen des Alltags vergessen Sie Ihre guten Vorsätze, und wenn Sie darüber nachdenken, erscheint Ihnen das verständnisvolle Verhalten so gekünstelt; es kommt einfach nicht von Herzen.

Stellen Sie sich der Tatsache: Wenn Sie früher in Ihrer Herkunftsfamilie nicht oder nur selten erlebt haben, wie Gefühle zum Ausdruck gebracht und gepflegt werden, haben Sie es heute schwerer als jemand, der bereits gute Vorbilder hatte. Sie müssen dann nämlich nicht nur etwas Neues lernen, sondern auch alte Verhaltensmuster „verlernen“ – und die stecken uns ziemlich tief „in den Knochen“.

Das Wahrnehmen und der Umgang mit Gefühlen wird im wesentlichen unbewußt übernommen, weniger gezielt gelernt und gelehrt. Die Amerikaner nennen es „caught and not taught“. Wie Sie jetzt mit Ihren eigenen Gefühlen und denen anderer umgehen, ist stark durch Ihre Herkunftsfamilie beeinflußt; schließlich haben Sie dort gelernt, wie „man“ miteinander umgeht. Ihre Eltern haben Ihnen das vorgelebt – zum Beispiel dadurch, wie sie mit den Empfindungen des Partners, mit Ihren Gefühlen und mit den eigenen umgegangen sind.

Wie haben Sie Ihren Vater und Ihre Mutter erlebt? Wie sind sie mit ihren Gefühlen umgegangen? Der traditionelle Vater, wie wir ihn aus der Vergangenheit kennen, ist in der Regel hart gegen sich selbst, wenig in Kontakt mit den eigenen Gefühlen, häufig beherrscht und in Kontrolle, doch wenn einmal nicht ... dann gleicht er einem ausbrechenden Vulkan. Mein Vater zum Beispiel zeigte tagsüber nie Gefühle, er konzentrierte sich auf die Arbeit. Wenn er Gefühle zeigte, dann – soweit ich mich erinnere – nur abends. Genau dieses Muster habe ich auch übernommen. Während des Tages lebte ich völlig losgelöst von meinen Gefühlen, um erst abends wieder aufzutauen. Erst vor kurzem habe ich dieses Schema durchschaut und konnte es dann ändern.

Die traditionelle Mutter lebt häufig still und unterwürfig an der Seite ihres Mannes. Ihr wird nachgesagt, daß sie die emotionale Seite in der Familie vertritt. Doch manche Mutter hat ihre Kinder durch diese zurückgezogene, kühle Art verletzt. Manche Mutter hat ihre Kinder durch besitzergreifende Emotionen manipuliert und an sich gebunden.

Dadurch, wie Ihr Vater mit den Gefühlen seiner Frau umgegangen ist und umgekehrt, ist auch Ihr „Liebesmuster" im Umgang mit Ihrem Partner geprägt. War der Umgang unsensibel, wenig einfühlsam? Haben die Eltern Zärtlichkeiten ausgetauscht? Haben sie sich angegiftet oder gingen sie sich manchmal durch Schweigen aus dem Weg? In meiner Ursprungsfamilie habe ich selten erlebt, daß Zärtlichkeiten ausgetauscht wurden, auch gegenseitiges Verstehen hatte keinen hohen Wert. Ich weiß von einer Frau, die eine gute Beziehung zu ihrem Vater hatte, dennoch fühlte sie sich durch die Art, wie er mit seiner Frau umging, zutiefst verletzt.

NUN STELL DICH BLOß NICHT SO
HAFT AN, MEIN SOHN!
EIN KENNT KEINEN SCHMERZ!
NUN STELL DICH BLOß NICHT SO MÄDCHENHAFT AN!
HUCH!
ICH HÖR MICH JA GENAU SO AN WIE MEIN VATER DAMALS!!
KIA 95

Wer permanent beobachtet und selbst erlebt, daß seine Gefühle nicht ernstgenommen werden, hat es schwer, seinen eigenen Empfindungen und denen anderer genügend Bedeutung beizumessen. Womöglich distanziert er sich sogar davon und nimmt manche Empfindungen gar nicht mehr wahr.

Schauen Sie sich noch einmal die falschen Umgangsweisen mit Gefühlen an, die ich im Kapitel „Verhängnisvolle Fehler“ aufgezeigt habe:

- herunterspielen
- als unangemessen zurückweisen
- übertriebenes Mitleid äußern
- anschuldigen
- für unwahr erklären
- aufzwingen.

Überlegen Sie dabei, wie es in Ihrer Kindheit war. Wenn Sie häufig mit einer oder mehreren dieser Umgangsweisen konfrontiert worden sind, kann es gut sein, daß Sie sich heute Ihren Kindern gegenüber unbewußt genau so verhalten.

Vielleicht hat Ihr Vater vor allem seinem Ärger, seiner Gereiztheit und seiner Wut Luft gemacht und das galt sogar noch als „männlich“, während Mitgefühl, Barmherzigkeit oder Schmerz zu empfinden als „weiblich“ deklariert wurden. War es bei Ihnen so? Dann ist es kein Wunder, wenn es Ihnen als Mann schwerfällt, mit anderen Menschen mitzufühlen, oder wenn Sie sich verweichlicht vorkommen, wenn Sie ein so „weibliches“ Gefühl wie inneren Schmerz empfinden. Das liegt einfach daran, daß Sie gelernt haben, solche Empfindungen nicht haben zu dürfen.

Viele Söhne wurden von ihren Vätern durch die Schule der Härte und Strenge genommen – frei nach dem Motto „hart wie Krupp-Stahl, zäh wie Leder“ oder „Ein Indianer kennt keinen Schmerz!". Wenn Sie diese Sichtweise verinnerlicht haben, ist es für Sie heute wahrscheinlich schwierig, eigenen Schmerz und den Ihrer Mitmenschen aufrichtig mitzuempfinden.

In vielen Köpfen herrscht das Klischee, Gefühle seien Frauensache. Deshalb halten Sie es vielleicht für ein Zeichen von Männlichkeit, Ihren „Kopf" sprechen zu lassen. Lernen Sie wieder, auf Ihr Herz zu hören, es zu Wort kommen zu lassen. Das ist ein wichtiger Baustein für alle Beziehungen – aber besonders für die zu Ihren Kindern und Ihrer Frau!

Als Mädchen und Frau durften Sie vielleicht nie ärgerlich oder wütend sein, sondern sollten immer „verstehen und nachgeben". Nach dem Motto „Ein braves Mädchen wird doch nicht wütend!" wurde Ihnen anerzogen, alles geduldig hinzunehmen, und jetzt haben Sie eine regelrechte Wut im Bauch, die sich ab und zu unkontrolliert den Weg nach außen bahnt.

Der Vater ist er „erste" Mann im Leben einer Frau, er beeinflußt ihre Weiblichkeit und Kompetenz sehr stark. In einer Umfrage unter erwachsenen Frauen ging es um die Frage, welches Gefühl ihr Vater im Umgang mit ihnen am stärksten zum Ausdruck brachte. Das traurige Ergebnis: Ärger, Mißfallen und Zorn wurden an erster Stelle genannt.

Vielleicht hatten Sie – hier meine ich wieder Männer und Frauen – eine überemotionale Mutter, die ständig ihre Gefühle über Sie „ausgoß". Wenn Sie jetzt jemandem begegnen, der seine Gefühle überschwenglich zeigt, reagiert Ihr Frühwarnsystem: „Vorsicht! Jetzt wird's gefährlich; gleich werde ich mit Emotionen überschüttet!" Innerlich gehen Sie auf Distanz – mit dem Resultat, daß Ihr Gegenüber sich nicht verstanden fühlt.

Oder Sie waren unbeherrschten Gefühlsausbrüchen ausgeliefert. Unkontrollierter Zorn ist für ein Kind beängstigend! Es fühlt sich schutzlos und ausgeliefert – und genau so ist es ja auch! Wenn Sie so etwas erlebt haben, fällt es Ihnen vielleicht schwer, nachzuvollziehen, daß ich Ärger weiter vorne als „wertneutrales“ Grundgefühl bezeichnet habe, denn Sie haben Ärger und Zorn stets negativ und bedrohlich erfahren.

Nachfolgend eine „Checkliste“, die Ihnen helfen soll, Ihr „Familienerbe“ besser zu erkennen und zu verarbeiten:

- Welchen Stellenwert hatten Gefühle in Ihrer Herkunftsfamilie?

1	2	3	4	5	6	7	8	9	10
gering									hoch

- Welche Gefühle zeigte Ihr Vater / Ihre Mutter am häufigsten? (Nehmen Sie die Abbildungen auf Seite 19 und 20 zu Hilfe.)

  Vater: ______________________

  Mutter: ______________________

- Welche Gefühle wurden kaum oder selten gezeigt?

  Vater: ______________________

  Mutter: ______________________

- Welche Gefühle wurden häufig unkontrolliert geäußert?

  Vater: ______________________

  Mutter: ______________________

- Wurden Gefühle bagatellisiert?
  (Was klingt Ihnen heute noch in den Ohren?)
  Zum Beispiel: *„Das ist doch nicht so schlimm!"*
  „Stell dich nicht so an!"

  ____

  ____

  ____

- Wurden Gefühle als „unangemessen" oder „falsch" hingestellt?
  (Was klingt Ihnen heute noch in den Ohren?)

  Zum Beispiel: *„Das tut doch gar nicht weh!" „Du kannst doch gar nicht traurig sein!"*

  ____

  ____

  ____

- In welchen Bereichen verhalten Sie sich ähnlich wie Ihr Vater oder Ihre Mutter?

  Wie mein Vater: ______________________________

  ____

  Wie meine Mutter: ______________________________

  ____

- Hatten Sie das Empfinden, daß Ihre Eltern Ihre Gefühle verstanden haben?

  ( ) meistens ( ) manchmal

  ( ) selten ( ) überhaupt nicht

Vielleicht ist Ihnen beim Beantworten der Fragen erschreckend deutlich geworden, wie tief Sie durch Ihre Eltern in Ihren Gefühlen verletzt worden sind oder wie sehr Sie sich in manchen Bereichen ähnlich wie Ihr Vater oder Ihre Mutter verhalten – obwohl Sie das gar nicht wollen.

Vielleicht sind Sie aber auch dankbar geworden, weil Ihnen deutlich wurde, wie einfühlsam Ihre Eltern mit Ihnen umgegangen sind.

Selbst einen neuen Umgang mit Gefühlen lernen!

Wenn Sie selbst Schritt für Schritt lernen, sich mit Ihrer Vergangenheit auszusöhnen, finden Sie auch zu einem ausgewogenen Umgang mit Ihren Gefühlen. Schließlich ist es ziemlich schwer, seinen Kindern ein gutes Vorbild zu sein, wenn man noch selbst mit seiner Vergangenheit hadert und kämpft. Wie soll man seine Kinder zu etwas ermutigen, was man gar nicht kennt?

Dieses Buch ist also nicht nur für Ihre Kinder wichtig, sondern ebenso für Sie!

Wie gehen Sie mit Frustration, Schmerz und Trauer um? Schnell runterschlucken, explodieren, mit niemandem darüber sprechen oder alle Emotionen in Arbeit ersticken?

Sie haben die „Vier-Schritte-Strategie“ genau so nötig wie Ihre Kinder!

Welche Schritte waren es nochmal? Genau:

- Gefühle akzeptieren!
- Gefühle nachempfinden!
- Gefühle benennen!
- Gefühle zum Ausdruck bringen!

Vor einiger Zeit mußte ich mit einer schmerzlichen Situation fertigwerden. Ich war von einer Zeitschrift ungerechtfertigt verleumdet und als Lügner dargestellt worden. Zuerst dachte ich, ich würde cool darüberstehen, und es würde mich nicht weiter belasten. Aber dann begannen Verletzungen und Rachegedanken in mir zu wüten und mich lahmzulegen.

Schnell besann ich mich auf die „Vier-Schritte-Strategie“. Ich akzeptierte, daß ich doch kein christlicher Held war, sondern zutiefst enttäuscht und verletzt. Es ist richtig, dieses Gefühl zuzulassen und nachzuempfinden. Glücklicherweise half meine Frau mir verständnisvoll, die konkreten Schmerzpunkte zu benennen. Außerdem konnte ich mir bei verschwiegenen Freunden alles von der Seele reden. Ich machte meinen Gefühlen Luft, indem ich mir meinen Frust von der Seele joggte und Gott mein Leid klagte. Schließlich fand ich meinen inneren Frieden wieder. Erst dann war ich in der Lage, mich fair mit den Urhebern der Verleumdung auseinanderzusetzen.

Um das Ganze geistlich noch zu vertiefen: Gefühle sind immer eine Botschaft unseres Herzens! Sie sind Signale, die uns auf etwas aufmerksam machen wollen. So wie unser Körper uns mit Schmerzen – zum Beispiel Zahnweh – auf einen Defekt hinweisen will, so auch unsere Seele: Die Gefühle rumoren so lange in uns, bis sie identifiziert und benannt werden und wir angemessen auf sie reagiert haben.

Ich empfehle Ihnen, folgende Schritte durchzugehen:

- *Bringen Sie die Gefühle im Gebet vor Gott!*

In Psalm 62,9 lesen wir die Aufforderung: „Ihr Menschen, vertraut Gott jederzeit, und schüttet euer Herz bei ihm aus.“

Wenn ich schon mit Gott rede, dann darf ich ihn auch fragen, was er zu der Situation meint:

- *Fragen Sie Gott, was er dazu meint!*

In Psalm 139,23–24 heißt es treffend: „Durchforsche mich, o Gott, und sieh mir ins Herz, prüfe meine Gedanken und Gefühle! Sieh, ob ich in Gefahr bin, dir untreu zu werden; dann hol mich zurück auf den Weg, der zum ewigen Leben führt!“

Gerade wenn wir verletzt, traurig oder wütend sind, können wir vielfach nicht mehr sachlich denken und urteilen. Schnell kommen wir zu falschen Schlüssen und Entscheidungen. Lassen Sie Gott Ihr Herz durchforschen und Sie auf den richtigen Weg zurückholen!

Ich habe eigentlich immer erlebt, daß Gott mir auf irgendeine Weise geantwortet hat. Oft haben mir eine Bibelstudie oder andere Personen dabei geholfen.

- *Fragen Sie Gott, wie Sie angemessen auf Ihre Gefühle reagieren können!*

Es ist wichtig, daß wir uns nicht allein von unseren Gefühlen bestimmen lassen, denn sie können uns auch in die Irre führen. Das kann man bei dem alttestamentlichen Propheten Jona eindrücklich beobachten: Als Jona mißmutig vor sich hin grübelt und in seinen negativen Gefühlen schwelgt, kommt er zu einer äußerst problematischen Schlußfolgerung: Er möchte sich am liebsten das Leben nehmen. Da holt ihn Gott mit dieser Frage in die Realität zurück: „Meinst du, daß du mit Recht zürnst?“ (Jona 4,9)

Im Umgang mit Gefühlen beobachte ich häufig zwei Extreme: Die einen unterdrücken ihre Gefühle, und die anderen werden von ihren Gefühlen getrieben. An Jesus können wir einen ausgewogenen Umgang mit Gefühlen beobachten. Während seines Gebetskampfes im Garten Gethsemane kurz vor seiner Gefangennahme (Matthäus 26,36ff) spricht er offen über seine Gefühle – seine Traurigkeit, seine Angst und seine Mutlosigkeit. Er bittet seine Jünger eindringlich, ihn nicht allein zu lassen, und betet sogar: „Mein Vater, wenn es möglich ist, so bewahre mich vor diesem Leiden!“ Doch dann fährt er fort: „Aber nicht mein Wille soll geschehen, sondern dein Wille.“ Wenn Jesus sich von seinen Gefühlen hätte leiten lassen, wer weiß, ob er für unsere Schuld ans Kreuz gegangen wäre? Jesus hat seine schmerzvollen Gefühle akzeptiert und seinen Freunden offen mitgeteilt, sich aber dennoch nicht von ihnen bestimmen lassen, sondern allein von dem Willen Gottes. Das ist die „Jesus-Alternative“ im Umgang mit Gefühlen!

- *Lassen Sie Gott durch seinen Heiligen Geist Ordnung in Ihre Gefühle bringen!*

Negative Gefühle entstehen häufig durch Verletzungen und steigern sich in Verurteilungen. Ist es nicht so: Wenn uns jemand verletzt, neigen wir schnell dazu, die betreffende Person in unserem Herzen zu verurteilen? Und aus Verurteilungen können starke negative Gefühle erwachsen.

Inzwischen habe ich gelernt: Laß negative Empfindungen nicht ununtersucht! Bring sie ins Licht Gottes! Dort können sie durch den Heiligen Geist sortiert werden: Was der seelischen Heilung bedarf, kann geheilt werden; wo Vergebung gewährt werden muß, wird sie ausgesprochen; wenn etwas in Ordnung gebracht werden muß, gibt der Heilige Geist die nötige Kraft.

Es ist wichtig, daß Sie die Erfahrungen, die Sie als Kind in Ihrer Herkunftsfamilie gemacht haben, durcharbeiten. Lassen Sie sich auch von Ihrem Ehepartner erzählen, wie er aufgewachsen ist. Dann vergleichen Sie die jeweils guten und schlechten Seiten Ihrer Kindheit miteinander. Dabei geht es darum, aus der Vergangenheit zu lernen, nicht darum, die Fehler Ihrer Eltern aufzuzählen – schließlich machen alle Eltern Fehler, das haben Sie bei sich selbst auch schon gemerkt. Bei dieser „Bestandsaufnahme“ werden Sie manche unguten, unbewußten Verhaltensweisen und Gefühlsmuster entlarven und endlich abstellen können, um einen eigenen, gemeinsamen Familienstil zu erarbeiten.

Scheuen Sie sich nicht, ein Seminar zur „Heilung der Persönlichkeit“ bzw. eine seelsorgerliche oder psychotherapeutische Begleitung in Anspruch zu nehmen, wenn Sie zu zweit nicht weiterkommen.

Verletzte Gefühle sind schwer in den Griff zu bekommen. Eiserne Vorsätze und selbst eine geschickte Psychotherapie schaffen nicht immer inneren Frieden. Der folgende Bibelvers kann Wegweiser sein. Darin sagt Jesus: „Kommt her zu mir, alle ihr Mühseligen und Beladenen, und ich werde euch Ruhe geben. Nehmt auf euch mein Joch und lernt von mir, denn ich bin sanftmütig und von Herzen demütig, und ihr werdet Ruhe finden für eure Seelen ...“ (Matthäus 11,28–29).

Suchen Sie diesen Frieden für die Seele? Dann wenden Sie sich an Jesus und gehen Sie folgende Schritte betend durch:

- Stellen Sie sich dem Schmerz oder der Wut, die in Ihnen stecken!
  Verdrängen Sie diese Gefühle nicht länger, sondern lassen Sie sie zu und sprechen oder weinen Sie sie vor Gott aus.
- Vergeben Sie!
  Das mag ein schwerer Schritt sein, vielleicht brauchen Sie dazu auch die Hilfe anderer. Erinnern Sie sich daran: Vergebung befreit von Verbitterung und mit der Zeit auch von Schmerz, sie kommt Ihnen also letztlich zugute. Wenn Sie es jetzt nicht können, bitten Sie Jesus, den Prozeß der Vergebung in Ihnen zu bewirken.
- Bitten Sie Gott, Ihre verletzten Gefühle zu heilen!
  Das geschieht nicht in einem einmaligen Gebet, sondern auch in der schrittweisen Erkenntnis der Vaterschaft und Liebe Gottes.

- Öffnen Sie sich dem Segen der „Familie Gottes"!
Suchen Sie die Gemeinschaft einer biblisch orientierten Gemeinde und vor allem den Umgang mit christlichen Familien, von denen Sie etwas lernen können.
- Legen Sie die erkannten, unguten Verhaltensmuster bei Jesus „unterm Kreuz" ab!
„Legt, was den früheren Lebenswandel angeht, den alten Menschen ab . . ." (Epheser 4,22).
- Erlernen Sie neue Umgangsformen und Gefühlsmuster nach dem Vorbild Jesu!
„. . . dagegen werdet erneuert in dem Geist eurer Gesinnung, und zieht den neuen Menschen an, der nach Gott geschaffen ist in wahrhaftiger Gerechtigkeit und Heiligkeit." (Epheser 4,23–24)

Gefühle zum Familienthema machen

Ein Kennzeichen einer gestörten Familie ist der unausgewogene Umgang mit Gefühlen. Der amerikanische Familienberater Norman Wright schreibt: „Funktionale Familien identifizieren die Gefühle, drücken sie aus und gehen richtig damit um, wenn sie auftauchen, gestörte Familie vergraben Gefühle und werden dann Opfer des Drucks und der Probleme, die daraus resultieren." (*Mein Vater und ich,* S. 121, Editions Trobisch)

Gerade, weil Gefühle bisher in vielen Familien unterdrückt und nicht gezeigt oder verpönt wurden, sollten Sie in Ihrer Familie neue Zeichen setzen und sich nicht scheuen, Gefühle zu einem Familienthema zu machen.

▸ Erzählen Sie Erlebnisse aus Ihrer Kindheit, besonders, wie Sie sich in manchen Situationen gefühlt haben!

Meine Kinder lachen immer, wenn ich erzähle, wie ich als kleiner Junge beim Laufen mit meinen Armen ruderte, als wären sie Propeller und dabei ein herrliches, leichtes Schwebegefühl hatte. Oder wie ich früher sonntags im Gottesdienst fast immer auf dem Schoß meiner Mutter einschlief und dabei meinte, in einer trockenen, kuscheligen Höhle zu liegen.

Ich hatte einen Chemielehrer mit einem blutunterlaufenen Auge, auch sonst ein richtiges Scheusal. Alle zitterten vor ihm, ich so sehr, daß ich mir beinahe in die Hose machte, wenn er mich aufrief.

Als Kind hatte ich häufig Angst, daß meine Eltern mich verlassen könnten. Oft stand ich hinter der Gardine unserer Balkontür und hielt mit Tränen in den Augen Ausschau, ob meine Mutter endlich um die Ecke bog. Nur gut, daß mein älterer Bruder bei mir war und mir stets mit fester Stimme versicherte, daß sie ganz bestimmt zurückkommen würde.

Wenn Sie beginnen, aus Ihrer eigenen Kindheit zu erzählen, leuchten die Kinderaugen, automatisch rücken die Kinder näher und beginnen oft, selbst auszupacken; wie unsere Zwölfjährige neulich: „Du, Papa, ich habe solche Angst. Nachts im Bett seh' ich immer so häßliche Fratzen am Fenster." Mann, war ich froh, daß sie damit rausrückte, denn schon an den Abenden davor war sie so bedrückt herumgelaufen. Meine Offenheit, über Gefühle zu sprechen, löste ihr die Zunge und half ihr, ihre Probleme auszusprechen.

▶ Lassen Sie Ihre Kinder an Ihrem momentanen Gefühlsleben teilhaben!

In unserem Familienleben gab es Zeiten, wo ich den Therapeuten spielte. Ich hörte meinen Kindern aufmerksam zu, bemühte mich, ihre Gefühle zu benennen, wenig Ratschläge zu geben, damit sie möglichst viel von der Antwort selbst erarbeiten konnten, schwieg mich aber über meine eigenen Gefühle aus.

So eine Haltung macht Sie für Kinder unnahbar und undurchschaubar. Mein Vater war ein einfühlsamer Mann, er kümmerte sich sehr um mich und andere. Doch, wenn ich heute zurückdenke, fällt mir auf, daß ich weder als Kind noch als Erwachsener jemals richtig erfahren habe, was er wirklich dachte und fühlte. Er war nett, aber unnahbar. So möchte ich nicht auf meine Kinder wirken.

Freude und Begeisterung zu zeigen fällt vielen nicht schwer. Aber wie sieht es aus, wenn die Arbeit nicht geklappt hat, jemand in der Firma Sie gehörig geärgert oder enttäuscht hat, Sie einfach mies drauf sind, Angst haben oder sich besorgt fragen, wie Sie mit dem Geld bis zum Monatsende hinkommen sollen?

Hier kann ein wohldosierter Hinweis helfen, die Situation und Ihr verändertes Verhalten richtig einzuordnen: „Du, ich habe Sorgen. Ich ärgere mich gewaltig über einen Kollegen und muß das erst einmal verarbeiten. Mein finsteres Gesicht hat nichts mit dir zu tun." Es ist erstaunlich, wie einfühlsam Kinder reagieren können, wenn wir uns öffnen. „Papa, ich spiele ganz leise, damit du deine Ruhe hast", antworten sie oder „Ich werde für dich beten". Ein anderes drückt Sie ganz fest und flüstert Ihnen ins Ohr: „Papa, ich hab' dich ganz lieb!" Mit solch einem Zuspruch läßt es sich wieder leichter leben. Wenn das Problem dann gelöst ist, haben die Kinder natürlich ein Recht darauf, davon zu erfahren und Ihre Erleichterung zu spüren.

Einfach überstülpen dürfen Sie Ihren Kindern solche Probleme allerdings nicht. Damit wären sie absolut überfordert. Mit ihrem eigenen Kummer beschäftigt, denken manche Eltern leider gar nicht darüber nach und machen ihr Kind zum Vertrauten für Sorgen und Probleme, die es gar nicht bewältigen kann.

▶ Pflegen Sie regelmäßige Kuschel- und Schmusezeiten!

Ab und zu ist es ja schon durchgeklungen; es soll hier aber noch einmal ganz deutlich gesagt werden: Gefühle kann man auch ohne Worte durch Augen- und Körperkontakt zeigen!

Bei uns wird möglichst kein Tag ohne eine intensive

Kuschelzeit mit jedem unserer Kinder zwischen fünf und zehn Jahren abgeschlossen. Wichtig ist dabei, innerlich und äußerlich ganz für den einzelnen da zu sein und ihm ungeteilte Aufmerksamkeit zu schenken. Das geht kaum unter zehn bis fünfzehn Minuten. Aber so gehen Sie sicher, daß jedes Kind Mama oder Papa wenigstens einmal am Tag ganz für sich hat. Berücksichtigen Sie dabei bitte den Persönlichkeitstyp Ihres Kindes, denn das eine möchte lieber still liegen, kuscheln und reden, ein anderes lieber Späßchen machen und ein drittes vielleicht toben.

Suchen Sie aber bei alledem das Gespräch! Ein kleines Stofftier kann den Einstieg erleichtern, indem es beispielsweise fragt: „Möchtest du mir etwas erzählen?" oder „Sag mal, was war heute am schönsten?" Häufig kommen in dieser Kuschelzeit Dinge zur Sprache, die ein Kind am Eßtisch oder vor anderen nicht aussprechen würde: das Umgeschubstwerden auf dem Pausenhof, wobei das sorgsam gehütete Stickeralbum zerknickt wurde; Hänseleien, die immer noch wehtun, oder ein Streit, in dem ungute Worte fielen. Manchmal stellen Kinder in dieser Zeit auch Fragen, die sie zutiefst bewegen.

Mir scheint, daß Jungen manchmal mehr Hilfe und Anleitung brauchen, um über ihre Gefühle zu reden als Mädchen. Jedesmal, wenn unser Fünfjähriger über seine Gefühle spricht, freue ich mich riesig. Einmal meinte er auf meine Frage nach seinem Empfinden: „Papa, das kann ich nicht so sagen!" Mit ein bißchen Hilfe konnte er es dann aber doch ganz gut ausdrücken.

Wenn Sie eine Kuschelzeit dann auch noch mit Gebet und Segen abschließen, können Sie sicher sein, daß Ihr Kind geborgen und im Frieden Gottes einschläft.

Kinder sind sehr unterschiedlich, vor allem, was Berührungen und Gesprächsbereitschaft betrifft. Wir haben eine Tochter, die könnte den ganzen Tag gekrault werden und schnurrt dabei tatsächlich wie eine Katze. Fühlt sie sich zu kurz gekommen, klettert sie zielstrebig auf den Schoß und fordert: „Papa, kraul mich!“ Aber wehe, ich täte das gleiche bei ihrer kleinen Schwester! Bei soviel „Aufdringlichkeit“ würde diese glatt davonlaufen. Mit ihr muß ich mich auf den Teppich hocken und mit ihren Playmobil-Figuren fleißig Dialoge führen.

Das gleiche gilt für die Gesprächsbereitschaft. Das eine Kind muß sich seinen Kummer sofort von der Seele reden, ein anderes braucht zunächst einmal Ruhe. Da reicht Mamas oder Papas tröstende Gegenwart. Eine Mutter erzählte, wie sie ihre Tochter verheult auf dem Sofa hockend vorfand. Sie setzte sich daneben, legte ihre Arme um sie und murmelte: „Da hat dich wohl etwas traurig gemacht.“ Wortlos rückte das Mädchen näher und kuschelte sich etwa fünf Minuten lang schweigend in ihre Arme. Schließlich seufzte sie, sagte: „Danke, Mama, jetzt geht's mir schon besser“ – und verschwand. Die Mutter erfuhr nie, was eigentlich der Auslöser für ihren Kummer gewesen war, ihre anteilnehmende Nähe reichte schon aus, um die Tochter zu trösten.

Umgang mit Gefühlen ist eine Kunst, keine Wissenschaft. Beobachten Sie Ihre Kinder gut und probieren Sie aus, was für jedes einzelne hilfreich ist, Worte oder Schweigen, Nähe oder Abstand.

Wenn dieses Buch Sie aufgerüttelt hat und Sie echten Nachholbedarf in Ihrem Familiengefüge feststellen, zum Beispiel, was entspannte Zeiten miteinander angeht, Zuneigung, Wertschätzung oder Kommunikation und das Ausdrücken von Gefühlen, dann nehmen Sie folgenden Rat in den nächsten Monaten ganz ernst:

Verbringen Sie täglich 20 Minuten als eine „spezielle Zeit“ mit Ihrem Kind – wenn es mehrere sind, teilen Sie die Woche auf, so daß jedes zwei- oder dreimal an die

Reihe kommt. In diesen Minuten soll nichts gelernt werden, und erwarten Sie auch nichts von Ihrem Kind. Es darf selbst bestimmen, was gemacht wird. Es soll eine Zeit sein, in der das Kind einfach „bejahende Zuwendung“ erfährt: Geben Sie Körperkontakt, zeigen Sie echtes Interesse und Begeisterung!

Setzen Sie dabei die folgenden drei Prinzipien um:

- Loben Sie Ihr Kind (z. B. „Die Affen auf dem Bild bekommst du aber besonders gut hin!“), aber seien Sie genau, ehrlich, und vermeiden Sie übertriebene Schmeichelei.
- Zeigen Sie Ihr Interesse an dem, was Ihr Kind tut, indem Sie mitmachen, es beobachten und gleichzeitig seine Aktivitäten und Gefühle beschreiben (z. B. „Das Fernlenkauto ist ja wirklich schnell, und wie es durch die Kurven saust! Du wirst gar nicht müde dabei. Das scheint dir richtig Spaß zu machen!“).
- Stellen Sie keine Fragen und geben Sie keine Anweisungen. Ihre Aufgabe besteht nur darin, zu beobachten, zu ermutigen und Gefühle zu benennen, nicht darin, zu kontrollieren oder anzuleiten.

Diese Strategie eignet sich am besten für Kinder zwischen vier und neun Jahren. Achten Sie darauf, diese persönlichen Zeiten konsequent einzuhalten. Bei älteren Kindern wird es nicht so einfach sein, dieses feste Schema einzuhalten. Bemühen Sie sich aber trotzdem, diese drei Prinzipien umzusetzen, wann immer Sie miteinander spielen.

Wie fühlst du dich heute?

Eine Übung für Kinder,
mit ihren Gefühlen zu leben, nicht *gegen* sie!

Kinder mögen Bilder und lieben es, die Szenen zu beschreiben. Die folgenden Fragen können Sie (zumindest zum Teil) schon mit vierjährigen Kindern durchgehen.

Das „Gefühlsrad“

Zeigen Sie Ihren Kindern die vier „Primärgefühle“ des Gefühlsrades und lassen Sie sie raten, welches Gefühl durch die einzelnen Gesichter dargestellt wird.

Frage: „Sag mal, was fühlen die Menschen mit diesen Gesichtern?“

Gefühle im Leben Jesu

Lesen Sie mit Ihren Kindern die folgenden Bibelstellen und bitten Sie sie, Jesu Gefühle auf dem „Gefühlsrad“ zu zeigen.

Tip: Wenn die Kinder schon zur Schule gehen, lassen Sie die Texte laut vorlesen, am besten nach der leicht verständlichen Übersetzung *Hoffnung für alle.*

Frage: „Meint Ihr, daß Jesus Gefühle hatte, so wie wir, und unsere Gefühle verstehen kann?“

- ▷ Lukas 10, 21: *Jesus freut sich*
- ▷ Lukas 19, 41–44: *Jesus weint über Jerusalem*
- ▷ Johannes 11, 35–36: *Jesus weint über seinen verstorbenen Freund Lazarus*

- ▷ Johannes 11, 38: *Jesus ist zornig wegen des Unglaubens der Juden*
- ▷ Johannes 2, 13–17: *Jesus „reinigt" den Tempel*
- ▷ Markus 14, 32–36: *Jesus hat Todesangst im Garten Gethsemane*

Den Gefühlen Farben zuordnen

Lassen Sie Ihre Kinder bestimmen, welche Farbe sie welchem Gefühl zuordnen würden, und lassen Sie sie dann das „Rad" ausmalen.

Tip: Wenn Sie die Abbildung des Gefühlsrades fotokopieren, hat jedes Kind ein eigenes Blatt zum Ausmalen.

Frage: „Welche Farbe paßt deiner Meinung nach am besten zu den einzelnen Gefühlen?"

Ihrer unterschiedlichen Wahrnehmung entsprechend kann es durchaus sein, daß Kinder den einzelnen Gefühlen verschiedene Farben zuordnen. Meine Kinder wählten für *„traurig"* schwarz-blau, für *„ärgerlich"* rot, für *„fröhlich"* gelb, und bei *„ängstlich"* ließen sie das Feld einfach weiß, weil man manchmal vor Schreck kreideweiß wird.

Gefühle benennen

Fordern Sie Ihre Kinder auf, das Rad auszuschneiden und als Achse eine Nadel durch die Mitte zu stecken. Erklären Sie, daß alle vier Gefühle normal sind und keins einfach schlecht ist. Drehen Sie das Rad und betonen Sie, daß man im Verlauf eines Tages oft alle vier Gefühle durchläuft (ein Gefühl steht immer oben!) und es nicht gut ist, in einem Gefühl „steckenzubleiben“, zum Beispiel ständig sauer zu sein, herumzustänkern und die Geschwister zu ärgern.

Gefühle haben viele Gesichter

Geben Sie den Kindern Zeit, sich die vielen Gesichter auf den nächsten Seiten in Ruhe anzuschauen und spontan zu kommentieren.

Erklären Sie, daß die vier Primärgefühle (Grundgefühle) viele „Ableger“ haben. Lassen Sie die Gesichtsausdrücke beschreiben, und tragen Sie sie ein.

„Wie fühlst du dich heute?“

Kopieren oder zeichnen Sie für jedes Kind ein Gesicht, und fordern Sie es auf, hineinzumalen, wie es sich gerade fühlt.

Bitten Sie jedes Kind, sein Empfinden zu benennen.

Gefühle angemessen zum Ausdruck bringen

Frage: „Was tust du, wenn du so richtig wütend (traurig, enttäuscht, ängstlich) bist?

Ich will euch einmal eine Geschichte von Hansi vorlesen:

Hansi, ein rotblonder, achtjähriger Junge mit Stupsnase und Sommersprossen, kann sich manchmal grün und blau ärgern und weiß dann gar nicht, wohin mit seiner Wut, wie neulich wegen einer Kleinigkeit am Abendbrottisch. Er springt vom Tisch auf, ballt seine Fäuste und stürmt aus der Tür. Auf dem Weg zu seinem Zimmer stolpert er blindwütig über Muttis kostbare Vase aus Marokko. Mutti hört es splittern und schreit entsetzt auf. Hansi rennt in sein Zimmer und läßt die Tür krachend ins Schloß fallen.

Vati gelingt es mit viel Mühe, die Vase so zusammenzukleben, daß sie wieder fast wie neu aussieht. Mutti beruhigt sich schließlich, geht zu Hansis Zimmer und klopft an.

„Was ist los?“ brummt er.

„Kann ich reinkommen? Können wir miteinander reden?“

„Ja-a“, klingt es zögernd durch die Tür.

Mutti setzt sich neben ihn und legt den Arm um seine Schulter. Hansi schielt unsicher nach oben und rückt ein wenig näher.

„Das am Tisch hat dich sehr aufgeregt“, beginnt sie.

„Ja, ich weiß dann manchmal nicht, wohin mit meiner Wut!“

„Was würdest du dann am liebsten machen?“

„Oh, irgendwas nehmen und in die Ecke feuern, oder ganz schnell ums Haus laufen, oder etwas kurz und klein schlagen ... Aber das geht ja nicht, weiß ich ja auch. Du, das mit der Vase habe ich wirklich nicht absichtlich gemacht. Es tut mir leid."

„In Ordnung, mein Junge, ich vergebe dir. Es hat mich sehr getroffen. Ich bin froh, daß Papa sie wieder einigermaßen hinbekommen hat. Aber laß uns darüber reden, wie du deine Gefühle ausdrücken kannst, ohne daß etwas kaputtgeht oder andere Schaden leiden."

Sie nimmt Papier und Stift und schaut ihn erwartungsvoll an. Hansi runzelt die Stirn, grübelt und zählt zögernd auf:

„Also, wenn ihr erst mal gar nichts sagt und mich abhauen laßt, ohne mir böse zu sein . . .

– in mein Zimmer vielleicht und ganz laut Musik anmachen
– oder zehnmal ums Haus rennen
– oder auf dem Trampolin springen
– oder das Kopfkissen verhauen . . .

aber weißt du, daß ich dir das alles erzählen kann, das hilft mir am meisten. Danke, Mama. Du bist Klasse!"

Mutti guckt auf den vollgeschriebenen Zettel und sagt: „Hansi, jetzt verstehe ich dich besser. Das nächste Mal lasse ich dich erst einmal in Ruhe. Aber bitte, guck, worüber du fällst, und laß die Tür nicht so laut knallen, auf dem Teppich liegt jetzt nämlich einiger abgefallener Putz. Und wenn du aus dem Haus rennst, lauf nicht weg, bleib' auf dem Grundstück."

„O.k., Mama, ich glaube, das ist kein Problem. Jetzt, wo wir miteinander reden können, reicht das Kopfkissen, denk ich."

Jetzt nehmen Sie Zettel und Bleistift und sagen Sie zu Ihren Sprößlingen: „Laßt uns darüber reden, wie ihr eure Gefühle ausdrücken könnt, ohne daß etwas kaputtgeht oder andere Schaden leiden."

Notieren Sie die Vorschläge der Kinder und diskutieren Sie darüber, was davon zu verwirklichen ist und was nicht.

Zum Abschluß erklären Sie die vier Familienregeln im Kasten unten. Auch davon können Sie jedem Kind eine Kopie zur Erinnerung machen.

Ein letzter Tip: Sie kennen Ihre „Pappenheimer“ und wissen daher am besten, ob Sie diese Übung in der Familienrunde mit allen Kindern gemeinsam durchgehen wollen oder lieber mit jedem Kind einzeln. Wenn die Kinder sich dabei gegenseitig zu sehr ärgern und ablenken, der Altersabstand sehr groß ist oder ein Kind besser aus sich herauskommt, wenn es mit Ihnen allein ist, kann das durchaus der bessere Weg sein.

Zur Erinnerung

Folgende Regeln gelten für unsere Familie:

1. *Sprich über dich und deine Gefühle, aber greife den anderen nicht an!*
2. *Benutze keine verletzenden Ausdrücke oder schmutzigen Schimpfwörter!*
3. *Werde nicht handgreiflich. Sage dem anderen, was dich stört – nicht mit Fäusten, sondern mit Worten!*
4. *Laß deinen Ärger nicht an Unschuldigen aus!*

Literaturangaben

1. Lawrence E. Shapiro, EQ für Kinder – Wie Eltern die Emotionale Intelligenz ihrer Kinder fördern können, Deutscher Taschenbuch Verlag 1999, S. 19
2. Claudia und Eberhard Mühlan, Das große Familien-Handbuch, Erziehungstips für alle Entwicklungsphasen Ihres Kindes, Schulte & Gerth
3. Lawrence E. Shapiro, ebd., S. 13
4. Lawrence E. Shapiro, ebd., S. 14
5. Ross Campbell, Teenager brauchen mehr Liebe, Verlag der Francke Buchhandlung, S. 9
6. Claudia und Eberhard Mühlan, Vergiß es, Mama! Tips für (angehende) Teenagereltern, Schulte & Gerth
7. Lawrence E. Shapiro, ebd., S. 244
8. Lawrence E. Shapiro, ebd., S. 238